コルベ神父

友のためにささげたいのち

千葉茂樹 著

女子パウロ会

もくじ

第三章　日本での働き

第四章　天国への道

カバー装画　矢車　涼

はじめの章
ローマ教皇とコルベ神父

いま、吹雪の晴れ間をぬって、よく澄んだ明るい声が聞こえてきます。

「みなさん、この雪こそ大きな恵みです。この雪と寒さによって、わたしたちは、かつてキリシタン時代の殉教者（神への愛と信仰を貫いて、いのちをささげて死んだ人）が歩まれた苦しみをともに味わうことができたのです。みなさんも、よくこの寒さをこらえてくださいました。神に感謝――」

その声の主人公はだれか、みなさんはおわかりですか。歴史上初めて、わたしたちの日本を訪れたローマ教皇、ヨハネ・パウロ二世その人です。

一九八一年、昭和五十六年二月二十六日。

その日、九州長崎にはめずらしく、六十年ぶりの大雪が、朝から降り続いていました。

ところが、長崎市の中ほどの松山にある市営競技場には、このローマ教皇みずから執りおこなう殉教ミサ（殉教者をたたえ、記念するミサ）に参加しようと、五万人もの人びとが朝早くから集まっていたのです。

吹雪のなかで、三時間以上も立ち通しだった人びとに向かって親しく、力強いことばをかけたヨハネ・パウロ二世――。

ローマ教皇が、長崎に留まっていた足かけ二日の忙しい予定のなかに、聖母の騎士修道院への訪問があったのです。

その修道院は、長崎市のはずれにある彦山《ひこさん》のふもと、本河内《ほんごうち》ダムを臨む斜面に建てられていました。ローマ教皇が到着したとき、雪はまだ降り続いていました。歓迎アーチの前では、聖母の騎士学園の少年たちが、全員でブラスバンドを演奏して、教皇を迎えたのです。その姿を見て、ヨハネ・パウロ二世はたちまち笑顔を見せて立ち止まり、しばらくの間、演奏に聞き入りました。

「親愛なるみなさん。

わたしは、いま喜びでいっぱいです。なぜなら、わたしと同じポーランド人であるマキシミリアノ・コルベ神父が始められたこの修道院を訪ねることは、ずっとまえからのわたしの特別の望みだったからです」
大聖堂に入ると、ヨハネ・パウロ二世は、そこで待ち受けていた大勢の人びとを前にして、とてもうれしそうにあいさつしました。そして、「キリストが示された愛の姿をそのまま実行されたコルベ神父をじかに見習うために、わたしはこの修道院を訪ねたのです」と付け加えたのです。

では、キリストが示された愛を、そのまま実行したコルベ神父とは、どんな人なのでしょうか。また、ローマ教皇自身が、その生き方を見習うために、わざわざこの地を訪ねたというのは、どういうことなのでしょうか。それほどコルベ神父という人の生き方が、ローマ教皇はもちろん、人びとの心を捉えているのは、なぜなのでしょうか。

大聖堂でのあいさつのあと、ヨハネ・パウロ二世は、コルベ神父を記念してつくられた小聖堂へと向かいました。そこには、日本で元気に働いていた頃のコルベ神父の大きな絵姿が飾ってあるのです。ヨハネ・パウロ二世は、その肖像画の前にひざまずき、しばらくの間、無言で祈り続けました。

このとき、ローマ教皇の予定はもう二十分も遅れていました。まわりの人びとは、それを心配しています。でも、それにはかまわず長いこと祈っていたのです。それほど、ヨハネ・パウロ二世は、コルベ神父への愛と尊敬を強く持っていたといえるでしょう。

そのあと、中庭に出たローマ教皇は、そこに建てられたブロンズのコルベ像の前に、白と赤のカーネーションの花輪をささげました。その白と赤の色は、キリストを見習って生きる者にとっては、とても意味が深いものです。白はけがれのない純潔のしるしであり、赤はいのちがけの信仰、殉教者のしるしだからです。

最後に、ローマ教皇が立ち寄ったのは、コルベ神父の資料室でした。そこには、およそ五十年まえ、昭和の初めにコルベ神父が日本で働いた頃使っていた貧しい木造の一室が残されています。小さな部屋のなかには、すべて手づくりの机や椅子などが、当時のまま残され、まるでコルベ神父が昨日まで、そこに腰かけて仕事をしていたかのようです。

ヨハネ・パウロ二世は、古びてすり切れた椅子に座り込みました。机の正面には、コルベ神父の大きな写真が置かれています。

貧しいフランシスコ会の修道服に、白いロープをベルト代わりに締めた一人の神父さんの姿がそこに写っています。顔は、日本人によく見かけられる坊主刈りに黒ぶちの眼鏡をかけ、広いおでこと引き締まった口もと、そしてあごひげがとても印象的です。眼鏡越しの目は、優しい光をたたえて、ある一点を見つめています。

コルベ神父は、一九三〇年から一九三六年（昭和五年から十一年）までの六年間、この質素な部屋で毎日祈り、そして働き続けたのです。しかし、およそ半世紀後の今日、この部屋にローマ教皇が訪ねてこようとは、さすがのコルベ神父も考えてみなかったことでしょう。

一方、ヨハネ・パウロ二世自身は、ここでどんな思いを抱いていたのでしょう。《コルベ神父は、この長崎の地に自分の骨を埋めたかったに違いない。それほどまで、日本と日本人を愛していた……。しかし、神はそれ以上に大きな働きをコルベ神父に与えられたのだ……》

大きな働きとは、どんなことだったのでしょう——。

ヨハネ・パウロ二世の心には、いつも焼きついている一つの情景があるのです。それは、祖国ポーランドに残されたアウシュビッツ強制収容所跡でした。その一隅にある第十一監房の地下牢――。ヨハネ・パウロ二世は、その地下牢を何度も訪ねたことがありました。ローマ教皇になってからも、またそのまえにも、地下牢への階段を降りていき、コルベ神父のことを繰り返し考えてきたのです。

日本における六年間の働きのあとで、故郷ポーランドへ戻ったコルベ神父は、この地下牢で亡くなりました。それは、ナチス・ドイツ軍によって捕らえられ、アウシュビッツ強制収容所に入れられていたときのことです。

コルベ神父は、この収容所で二人の子どものいる若い父親のいのちを救うために、自分から身代わりを申し出たのでした。すなわち、コルベ神父は一人の友を救うために、自分のいのちをささげたのです。

いまでも、コルベ神父が天に召された地下牢にはたくさんの花束がささげられ、毎日のようにここを訪れる人びとが絶えません。

いったい、どうして友のために自分のいのちをささげるなどということが、コルベ神父にはできたのでしょうか。わたしたちにはそれができるでしょうか。

では、これから順を追って、コルベ神父の歩んだ道を訪ねてみることにしましょう。

第一章　幼年時代

1　ポーランドの片田舎で

ここは、東ヨーロッパのほぼ真ん中にあるポーランド――春の遅いこの北国にも、ようやく明るい日差しが差し始める季節でした。

ぼくたち五人の乗ったランドクルーザーは、いま、コルベ神父の生まれた故郷に向かって田舎道を走っています。その五人というのは、コルベ神父の映画をつくるために、日本からやってきた仲間とポーランド人の協力者たちです。

それは、ローマ教皇が日本を訪れた同じ年のちょうど一か月後、一九八一年三月末のことでした。その頃、社会主義の国のなかで言論や宗教の自由が制限されているポーランドでは、自由を求める人びとの運動が国じゅうで湧き起こり、とても緊張していました。ですから、日本から映画を撮影に行くという許可も、なかなか出してもらえませんでした。

ところが、ふしぎなことが起こったのです。

日本を訪れたローマ教皇の四日間を追いかけて、ぼくたちは記録フィルムを撮影していましたが、あるとき、「コルベ神父の映画」をつくる計画を手紙に書いてヨハネ・パウロ二世のもとに届けたのです。そして、そのなかにポーランドからの許可が出してもらえなくて困っています、ぜひお力を貸してくださいと書き加えました。すると、どうでしょうか。ローマ教皇が帰られてからひと月後です。日本にあるポーランド大使館から呼び出しがあって、特別の取材許可が出たというのです。

それは、夢のようで、すぐには信じられないほどでした。なぜなら、ぼくたちはコルベ神父の映画を二年まえから計画し、ポーランドへのロケーションも一年まえから申し出ていましたが、ポーランド国内のようすがますます難しくなり、もうポーランド・ロケも中止しなければならない、ローマ教皇に手紙を書いたけれど、もしかしたら無理かもしれない、そう思っていたからです。

ところが、ポーランド生まれのローマ教皇自身の力添えによって、ついに実現の見通しがつき、こうしてコルベ神父の祖国へカメラを持ち込むことができたのです。

いまランドクルーザーの車窓からは、ときどき春の野原を焼いている野火の情景や、二頭立ての荷馬車を引いてすれ違う農民の姿が見えます。そのことは、この国が広い平野を持つ農業国であることを物語っています。

首都ワルシャワから西南へ約二百キロ——ぼくたちのランドクルーザーは、織物の街として知られるズドヴィンスカ・ボラ市に着きました。ヨーロッパはどこでもそうですが、町や村の中央にはきまって十字架を高く掲げた教会が建っています。

このボラ市も同じです。そこには、被昇天教会（イエス・キリストの母マリアが天に召されたことを記念して建てられた教会）と呼ばれる古く立派な建物がありました。それは、この市にはとても不釣り合いなほど大きく感じられます。なぜなら、この織物の街は、市とはいっても人口わずか四万五千人と小さく、人びとの家も貧しいものが多いのです。それなのに、大きく立派な教会が町の真ん中に建っているのは、この土地の人びとの信仰の深さを示しているといえそうです。あとで知ったことですが、コルベ神父もこの被昇天教会で、生まれるとまもなく洗礼を受けたのでした。

ぼくたちは、この教会の神父さんに案内されて、町はずれにあるロゾミュル地区へと足を運びました。そこは、かつて織物職人たちの住んでいた一角で、ポプラ並木の道に沿っています。その中ほどに、古い木造の二階建ての家が残っていました。板ばりの大きなバラック長屋といった感じの建物です。

「コルベ神父さまは、この二階の一室で生まれたのです」

案内の神父さんが、そう言いながらバラック長屋に近づきました。ぼくたちは、思わずその二階を見上げました。二階の小さなガラス窓には、春の午後の日差しがきらきらと反射し、道を挟んで高くそびえ立つポプラの木々が、バラック長屋の板ばりの上に美しい影を落として揺れています。

とうとうコルベ神父の生家を突き止めることができた……。ぼくたちはその思いにしばらく立ち尽くしていました。よく見ると、この長屋には、いま、まったく別の人びとが住んでいます。その昔、ここでコルベ神父が生まれたことは、長屋の入り口に飾られている小さな花輪と添えがきによって、わずかに示されているにすぎません。

「近い将来、教会がこの長屋をゆずり受けて、コルベ神父さまの記念館にしようという計画があるのです」

ぼくたちを二階に案内しながら、神父さんは付け加えました。二階にあがった右手奥に、その記念すべき二間続きの家がありました。それは、貧しい織物職人の多いこの町のなかでも、とりわけ貧しい住居だといえそうです。

2　三人兄弟

マキシミリアノ・コルベ神父は、一八九四年一月八日、貧しい織物職人の子として生まれました。

父ユリオ・コルベと母マリア・ドンブロスカはともに熱心なカトリックの信者で、二人ともいつも教会に通っては長いこと祈るのを習慣にしていたようです。

特に、母親のマリアは結婚まえにはキリストのために一生をささげて働く修道女になろうと願っていたほど、信仰深い女性でした。マリアは結婚して三人の男の子を生みましたが、織物職人の夫を助けて、あるときは小さな小間物屋を開いたり、助産師の仕事をしたりしながら、子どもたちを立派に育てたしっかり者でした。

コルベ神父の幼い頃の名前はライモンドと呼ばれましたが、兄のフランシスコと弟ヨゼフとそろって三人は、町でも評判の仲良しだったようです。三人兄弟のなかで、ライモンドは特別に母親に似ていました。働き者で、何事も自分からすすんでする性格は母親ゆずりのものでした。小学校にあがる頃には、ライモンドはよく食事のしたくを手伝ったり、掃除や洗濯を受け持って母親を助けました。

こうして善良で模範少年のようなライモンドですが、一方では、かなりやんちゃ坊主のがむしゃらで、意地っぱりでした。物事に熱中するともう一途に思い込む性格で、そのうえとても空想好きの一面もあったのです。

ちょうど、ライモンドが小学三年になった夏のことでした。

フランシスコ、ライモンド、ヨゼフの三人兄弟は、その日両親の言いつけで隣村の農家にりんごを買いにやらされました。その農家のりんご畑に行くためには、途中の川を渡らなければなりません。しかも、橋は上流にあるので、そこまで行くとかなり遠まわりになるのです。

「いっそのこと、川を泳いで渡ったらどうだろう。兄さん」

そのとき、ライモンドは兄と弟に一つの提案をしました。りんごを買ったら、それをかごごとロープにつけて川を引いて帰ろう、そうすればきっと楽に違いないと言うのです。いかにも空想好きの少年らしい思いつきです。

兄と弟は、ライモンドの発案に賛成しました。橋を渡るために、わざわざ上流まで往復するよりはずっと早いと二人も考えたのです。

三人はさっそく裸になると、川幅五十メートルほどを泳ぎ始めました。ところが、川の中頃まで出た三人はあわてました。川の流れが意外に速いのです。そのうえ、前日には雨が降っていたので、ところどころ水が激しく渦を巻いていました。

「ライモンド。危ない。引き返そう」

兄のフランシスコは危険を察して、弟たちに声をかけると大急ぎで戻り始めました。幼い弟ヨゼフも、兄さんに見習ってすぐに引き返しました。

ところが、ライモンドは二人とは逆に、急流に向かってさらに泳ぎ続けたのです。一度思い込んだら、途中で引き返したりするのは、大嫌いなライモンドでした。しかし、それはときどき大きな過ちを犯すことにもなるのです。

フランシスコとヨゼフが岸辺に戻って振り返ると、ライモンドの姿は波にもまれながら、どんどん川下のほうへ流されていくではありませんか。

「兄さん、どうしよう。ライモンド兄さんが溺れているよ」

ヨゼフが青ざめて叫びました。

確かに、そのときライモンドは急流に押し流されて溺れかけていたのです。もがけばもがくほど、川の水を飲み込んで呼吸は苦しく、気が遠くなりかけていたのです。

それからどれくらいたったことでしょう。ライモンドにはわかりませんでした。フランシスコとヨゼフの知らせを聞いた近くの農夫たちが助けに駆けつけてくれて、ライモンドはやっと川下の浅瀬で引き上げられたのです。さっそく飲み込んだ水を吐き出させるための人工呼吸が施されました。するとまもなくライモンドの呼吸が戻り、意識がよみがえってきました。

「ライモンド、わかるかい。ぼくたちの顔がわかるかい」

「兄さん」

ライモンドは、自分の手を握り締めている兄と弟を見上げると、とたんに元気を取り戻すことができたのです。

3　母とライモンド少年の夢

その夜のことです。

ライモンドは、両親の前に自分でむちを持ってきて置くと、机の上に腹ばいになりました。それは、コルベ家ではよく見られる光景だったのです。子どもたちは、なにか過ちを犯したり、兄弟げんかをした場合は、きまって両親からおしおきを受けることになっていました。

ですから、川に溺れたばかりか、みんなに心配をかけたライモンド少年は、当然のようにおしりをむちでぶたれることになるのです。

「お願いします。お父さん」

ライモンドは両親から叱られるまえに、自分からそれを願い出たというわけです。それには、さすがの両親もあきれる思いでした。

「よろしい、ライモンドは自分で過ちを認めて反省しているんだね。それなら五回むちで打つところだが、特別三回に減らしてやろう」

父親がそう言ってむちを手にすると、ライモンドはうれしそうに言いました。

「お父さん、ほんとうですか。だからぼくはお父さんが大好きです」

そのことばに、今度は母親がふきだすのをこらえて言いました。

「お父さん、この子のためです。五回を三回に減らすのなら、その分を少し強くぶってください」

「よろしい。母さんの意見は正しい。そうしよう」

こうして、父親はライモンドのおしりに三回だけむちを当てたのです。痛さをがまんしながら、ライモンド少年は両親の優しくて厳しい愛のむちを素直に受け止めたのでした。

こんなことがあってからも、次男坊のやんちゃぶりはあいかわらず続いていました。

そんなある日のことです。みんなが出かけて、ライモンドは母親と二人きりになりました。マリアはいたずらざかりのわが子を見ながら、ふとつぶやくように言ったのです。

「ライモンド、おまえはいったいどんな人間になるんだろうね」

母親のマリアにとっては、いちばん自分に似ているライモンドの将来を心配して、思わず口にしただけのことでした。でも、そのことばは純粋な心を持つライモンド少年の胸に、とても強く響いたようです。

「お母さん、ぼくがどんな人間になるかですって……」

「そうですともライモンド。お母さんはとても心配ですよ」

そのことばに少年ははっとする思いでお母さんを見つめ返しました。

その日から、ライモンドのようすが急に変わり始めました。

コルベ家には、家庭祭壇（棚や台を祭壇にして、十字架を中心にマリア像、燭台などを置き、その前に家族が集まって祈る）がありましたが、この時を境にして、ここでとても熱心に祈るライモンドの姿がしばしば見られるようになったのです。

時には、母親にさえ隠れるようにして祭壇に向かって長いこと祈ったり、涙を浮かべて聖母マリア像を見つめて考え込んでいます。いつも通う教会に行っても、ライモンドのようすはまったく変わりました。なにかにとりつかれたように祈り続けるのです。

もしや病気にでもなったのでは……。母親のマリアが、そう思い込むほどそのようすは年に似合わない真剣なものでした。

数日後のことです。

「お母さん、わかったよ。マリアさまが答えてくれたんだよ」

ライモンドはベッドから飛び出して知らせにきました。ライモンドがずっと祈り続けていたことに、マリアさまが夢のなかで教えてくれたというのです。

「ぼくはあの時からずっとマリアさまにお祈りしていたんだよ。ぼくがどんな人間になるか教えてくださいって……」

それを聞いて、母親のマリアはびっくりしてライモンドを見つめ返しました。

「この子ったら……。マリアさまとお話ししたというの」

ライモンドの話は、さすがの母親にもすぐには信じられませんでした。でも、わが子が顔を輝かせ、生き生きと話すそのようすを見て、母親もライモンドの強い感動を受け止めることができたのです。

そのとき、ライモンドの語ったマリアさまの夢の話は、母親と二人だけのひみつにして、そのあともだれにも打ち明けないことにしました。ですから、わたしたちもここではお話ししないことにしましょう。

それについては、またあとで触れることにして、先を急ぐことにしたいと思います。

4 小鳥と話す聖フランシスコ

映画をつくるぼくたちは、ズドゥヴィンスカ・ボラ市をあとにして、隣のウージ市へと向かいました。そこには、コルベ一家が二度目に移り住んだ家が残っているからです。

　ところで、コルベ家の三人兄弟が育つ頃、ポーランドの国はとてもみじめでした。というのは、領土の隣り合っているロシア、プロシア（ドイツ）、オーストリアの三大強国によって、自分の国が三つに分けられ、それぞれ占領されていたからです。そのため、国内であっても家を移るのは簡単ではありませんでした。コルベ一家が住んでいたところは、オーストリアに支配されていたのです。

　三人の息子を抱えて貧しい生活を続けて数年後、父親ユリオ・コルベの仕事は少しだけ楽になりました。そこで一家は同じオーストリア支配下のウージ市の町なかにもう少し大きな家を借りて引っ越したのです。

　その家は、いまでも町工場の並ぶ一角に残っていました。父親が機織りに使った仕事場と、母親が小間物屋を開いていた小さな店先――でも、そこにもいまではコルベ一家とは縁のない人びとが住んでいました。ただ、大きなにれの木だけが、ライモンド少年たちがよく遊んだ裏手の空き地に当時のまま残っていて、かつてのコルベ家のことをしのばせてくれました。

　また近くに建っている聖十字架教会は、コルベ一家には大事な祈りの場所でした。美しいステンドグラスで飾られた祭壇と、左手の小聖堂にある聖母子像が、ぼくたちの心を強く引きつけます。特に、幼いイエスを抱き上げている黒衣の聖母マリア――それはポーランドの人びとに聖母マリアへの深い信仰を植えつけてきたに違いないのです。

少年の日のライモンドたちも、よく母親に連れられてこの教会を訪れました。そこで少年たちは、聖母マリアへの尊敬を教え込まれながら成長したのです。

ところで、このウージ市に移ってからの数年の間に、ライモンドの一生にとって大きな転機が待ち受けていました。その一つは小学校の卒業と同時にやってきました。

「ライモンド。おまえにはお父さんの仕事を引き継いでもらいたいんだよ。わかってくれるね」

ある日、父と母は自分たちの心を隠すことなく、ライモンドに打ち明けたのです。その頃のポーランドは、まえにも触れたように、三大強国の占領下にあって、上級学校と呼べるものは取り壊され、ごくわずかしかありませんでした。また、たとえあったとしても、子どもをそこへ入学させるためにはたくさんのお金がかかるのです。

「お父さん、よくわかっています。ぼくはお父さんたちの言われるとおりにします」

まだ十歳を越したばかりのライモンドでしたが、両親に従うことにはとても素直でした。ライモンドのそのけなげな心を思うと、母親のマリアは夜も眠れない日が続いていたのです。

《いっそ、ライモンドも長男と同じ道を歩ませたほうがよいのかしら……》

母親が考えていた長男と同じ道というのは、愛する息子を神にささげ、カトリックの神父にすることでした。それは、キリストを信じるコルベ一家にとって、とても名誉であり、誇りでもあるのです。

その頃、ヨーロッパのなかでも、特にポーランドのカトリック信者の家では、家族のなかから一人ぐらいは神に仕える人間を送り出すことが当然の使命のように思われていました。ですから、コルベ家の場合も、長男を神にささげ、フランシスコを神父にするためなら、どんな犠牲も払おうと両親は約束していたのです。

でも、それは簡単なことではありません。

愛する子どもを神にささげることは、大きな犠牲でもあるのです。ですから長男だけでなく、次男のライモンドまでも神学校へ送るのは、いくら信仰深い両親にとっても大きな迷いでした。

両親のこんな思いを感じ取ったのか、ライモンドは両親の申し出を喜んで受け入れ、父親の仕事を継ぐことを心に決めてくれたのです。そればかりでなく、ライモンドは両親を喜ばせようとして、新しい織物機械の発明について、得意そうに話すのでした。

父親ユリオ・コルベは、自分の後継ぎが決まったので、ことのほかうれしそうでした。その気持ちを込めて、父親はある日、一人の聖人の小さな像を買ってプレゼントしたのです。それは信仰深い父親自身が大好きなアシジの聖フランシスコの像で、小鳥と話を交わしている有名なものでした。

聖フランシスコというのは、カトリックの聖人（キリストと人びとへの愛に一生をささげた徳のある人に、教会から特別に与えられる称号。日本では、長崎の西坂で殉教した二十六聖人がいる）のなかでも、よく知られている一人です。十二世紀にイタリアのアシジという町に生まれたかれは、二十歳のときキリストの愛に目覚めると、それまでの自分を捨てて、貧しい病人のために真剣に働き始めました。なかでも、その頃ヨーロッパで流行っていた伝染病や重い皮膚病で苦しむ人びとのために、自分のいのちを投げ出すほどの奉仕に取り組んだのです。自分はいちばん質素で貧しい生活をしながら、病気で苦しんでいる者、貧しい者、小さく弱い者の味方として、キリストを見習って神にささげた日々を送りました。ですから、フランシスコのまわりにはいつも貧しい人びとがたくさん集まってきました。そればかりか、動物たちもまた慕い寄ってきたというのです。そして、かれは小鳥や犬や猫など、小さな動物たちと話すことができたとさえ言われているのです。

ライモンドは、父親が与えてくれた小さな像を通して、この聖フランシスコの大ファンになってしまいました。特に空想好きなライモンドにとっては、小鳥や犬などと自由に話し合えたというところに強く心を引かれたのです。

そういうライモンドに、またとない機会がやってきました。それは緑の美しい五月のことでした。ウージ市からそう遠くないワゲフニキという巡礼地（聖人や宗教上のできごとを記念した場所で、遺跡や遺品などを保存している）に、父親は三人の息子を連れて出かけたのです。そこにはカトリックの聖人パドアのアントニオを記念した教会が建っていました。

近くの美しい緑の森のなかにはフランシスコ会の修道院がありました。この会の協力者であった父親ユリオ・コルベは、巡礼の帰りにライモンドたちを連れて、ここを訪ねたのでした。

「神父さま、どうしたら聖フランシスコのように、小鳥たちと話すことができるのですか」

修道院の一室で、お茶をごちそうになったとき、ライモンドは年とった神父さんに質問しました。すると神父さんはとっさの返事に困ったようすでしたが、

「坊や、それはわたしも知りたいと思っていることです。小鳥たちと自由に話ができるように、聖フランシスコに、いっしょにお祈りしよう」

と笑顔で答えてくれました。

その日、修道院でライモンドと出会った神父さんや修道士たちは、物事を一筋に思い込むこの空想好きな少年が好きになりました。そして一方、ライモンドのほうもこの森のなかの質素な修道院のことが強く心に残り、ますます聖フランシスコに憧れるようになっていったのです。

5　神さまの導き

　ところで、巡礼から帰ってまもなくのことでした。ライモンドにとって思いがけないできごとが待っていました。

　ある日の午後、ライモンドは母親のマリアから薬屋へ買い物に行く用事を頼まれたのです。なぜなら、助産師をしている母親が、ある家で赤ちゃんが生まれるのを手伝っていて、とても手が離せなかったからです。

　そこでライモンドは町なかの薬屋にやってきました。

　そして、お店の主人にこう尋ねました。

「お母さんから頼まれたのはギブス用の石こうですが、それはベンコン・グレカというのじゃありませんか」

　それを聞いた薬屋の主人は驚いて聞き返しました。

「そのとおり。石こうはベンコン・グレカだが、どうしてその呼び名を知っているのかね。しかもラテン語の名前を……」

それについてライモンドは、ちょっとばかり得意げに話しました。

「ラテン語は、いつも教会の神父さんから勉強しています。ですから、たいていの単語はラテン語で言えるのです」

ライモンドは試しに、花、赤ちゃん、聖人など三つ四つのことばをラテン語で言ってのけたのです。すると、薬屋の主人はせき込むように尋ねました。

「おまえさんの名はなんというのかね。どこの坊やだったか……。そして学校はどこに通っているのかね」

そこでライモンドは、尋ねられるままに自分のことや家のことを説明したのです。

兄のフランシスコは商業学校の一年生だが、神さまがお望みならばいずれ神父さんになるはずであること、自分は織物職人の家の手伝いをするのでもう学校へは行っていないこと、自分の家は二人の子どもを学校へやるだけのゆとりがないことなどを隠さず話したのでした。それを聞き終わると薬屋の主人は、身を乗り出すようにしながら言ったのです。

「ライモンドといったね。とにかく、おまえさんを放っておくのは惜しい。わたしのところにおいで。わたしが勉強を教えてあげよう。そうすれば、今年の終わりには兄さんに追いつけるだろうし、いっしょに試験を受けて来年は二年生に進めるだろう。わたしが学校へ行けるようにしてあげよう」

そして主人はさっそくライモンドのための勉強時間を決めてしまい、両親に宛てて手紙まで書いてくれたのです。

ライモンドは、まるで鳥が飛ぶようにして家に駆け戻り、その夢のようなできごとを父と母に報告しました。息を弾ませながら話すライモンドのうれしそうな顔……。

両親は、ライモンドの幸運について、さっそく神さまに感謝しました。

《こんなお恵みをくださるなんて……。これはきっと薬屋さんを通して、神さまがあの子にチャンスを与えてくださったに違いありません。どのようにしたら、このお恵みにお返しができるのでしょう》

ライモンドは、その日から薬屋さんの家に勉強をしに通い始めたのです。

もう一度学校へ行って兄さんといっしょに勉強できる日がくる……。その熱い思いが、ライモンドの心をかき立てました。少年のこの喜びが、どんなに難しい勉強でも乗り越えることのできる力となるのでした。

薬屋の主人も心を込めてライモンドに教え続けました。

おかげで、ライモンドはその年の終わりに兄さんのフランシスコに追いつきました。そして兄弟そろって進級試験を受け、二人とも見事にパスすることができたのです。こうして、商業学校の二年生に進むことを許されたコルベ家の兄と弟を両親はどんなにうれしく、誇りに思ったことでしょう。

それからの三年間、二人はともに励まし合って一生懸命、勉強に打ち込みました。そうすることが学問への道を与えてくれた両親と薬屋の主人へのいちばんの恩返しでもあったからです。

そして、商業学校を無事終えるときがきました。そのとき、コルベ家の兄弟は、これからの人生を、まったく同じ目標に向かってともに歩こうと心に決めていたのです。

その目標は、二人そろってカトリックの神父になるということでした。もちろん兄さんのフランシスコについては両親もそれをまえから望んでいましたが、ライモンドもいつのまにか兄さんと同じ道をゆきたいと考えるようになったのです。それは、いつか父親のユリオ・コルベが買ってくれた小さな像、聖フランシスコへの憧れのせいもありました。そして、巡礼の帰りに立ち寄ったフランシスコ会の修道院と、そこで出会った質素な神父さんたちの暮らしや奉仕の働きが、いつかライモンドの心のなかで大きく成長していたからでした。

ちょうどその頃、ポーランドの南部にあるレオポリというところに、フランシスコ会の新しい神学校が開かれようとしていました。

「おまえたちにとって、それは願ってもないことだ。これもきっと神さまのお恵みに違いない……」

兄弟がそろって神学校へ進みたいと話したとき、両親はそう言って喜んでくれたのです。一度はライモンドに家の仕事を継いでほしいと願った父親ユリオ・コルベでしたが、わが子がほんとうに望む道ならばそれでよいと考えるようになっていました。

レオポリの神学校へ出発する日――。

このとき兄のフランシスコは十五歳、ライモンドは十三歳になったばかりでした。

いつもライモンドたちが通った聖十字架教会の神父さん、そして信者の仲間たち全員が、二人を送り出してくれました。

「二人とも、きっと立派な神父さんになるんですよ」

「神さまの祝福がありますように」

親しい人びとが、次々に励ましの声をかけてくれます。

「いいね、フランシスコ、ライモンド。この教会のためにもいつもお祈りするのですよ」

母親のマリアが二人のためにあつらえた特別のロザリオを手渡しながら言いました。

その頃、レオポリまでは汽車で二日間もかかるのでした。

二人を送って父親と末の弟ヨゼフが、ポーランド第二の都市クラコフまで付き添っていきました。でも、それからは二人だけでレオポリの神学校へと向かったのです。

6　天国までの距離

神学校での新しい生活が始まりました。

それは、厳しい祈りと学問の毎日です。その頃になると、あのがむしゃらで意地っぱりだったライモンドの性格は影をひそめて、とても考え深く、いつも相手の心を思いやる人間に生まれ変わっていきました。

でも、そんなライモンドでしたが、一つだけ変わらない特徴があったのです。それは小さい頃からの空想好きという一面でした。

では、三年間の神学校の厳しい生活のなかから、一つだけその話をとりあげてみることにしましょう。

自分からすすんでもっと勉強がしたいと決心したライモンドでしたから、どの学科にも真剣に取り組みました。なかでも、理科系、特に数学は大好きで得意でした。

「ライモンド、この三角関数の問題はどうやって解くんだい。教えてくれないか」

ライモンドより年上の同級生のほうがよく難問を解いてもらいにくるほどです。それには、先生である神父さんたちも驚いて、あるとき話し合ったことがあります。

「こんなに学問の好きな若者が、修道者になるなんて惜しいくらいだ」

「ライモンドは、きっと学者になる力があると思うね……」

ところが、ライモンド自身は、学問と同じように祈ることが好きでした。いえ、むしろ祈ったので、学問の大切さがわかり、もっと真剣に勉強をしたのです。祈りのない学問や科学はきっと間違った道を歩くことになる。頭のよいライモンドにはそれがわかっていたことでしょう。

あるとき、ライモンドは聖堂の椅子にかけて、ある考えに浸っていました。

《神さまのおられる天国とは、この地上からどれくらい遠くにあるのだろうか。

たとえば、あの星や月のある太陽系よりも、もっと遠いところだろうか》

まるで幼い子どもが考えるような空想にふけっているうちに、ライモンドは得意の数学でその距離を計算してみようと思いついたのです。

天国までの距離——でも、それは目で見ることはできないし、計算のしようがありません。そこでライモンドは、身近に見えている月までの距離を計算することにしました。

さっそく、自分の部屋に閉じこもって机に向かうと、夢中で取り組み始めたのです。丸一日がかりで、いろいろな計算方法を使って確かめ、ついにその距離を突き止めたときには、真夜中になっていました。三十八万四千四百キロメートル。これがライモンドの計算した月までの距離です。

するとライモンドには、また新しい空想が浮かんできました。今度は、月に向かって出かけていき、月の世界を調べてみたいというのです。それには、月まで飛べるロケットを発明しなくてはなりません。そう考えると、ライモンドの頭のなかはそのことでいっぱいになります。次の日からは、空想ロケットの設計図を大まじめに考え始めたのでした。

およそ三十八万キロの月に向かって、どれほどの燃料を使って、どれくらいの時間がいるだろうか——。ライモンドの頭は、まるで本物の博士のように回転していくのです。

「ライモンド、いったいおまえはどうかしたのかい」

兄さんのフランシスコが、食事もあまりしないで部屋に閉じこもりがちのライモンドを見て、病気かと思ったほどでした。

こうして、ライモンドの空想ロケットの設計は一週間後に完成したのです。それは粗末な学生ノートに、何枚にもわたって描かれていました。

いくら空想とはいっても、ライモンドが考えたロケットには、月までの燃料やロケット内の空気、そして乗組員の服装や食べ物まで描かれていて、まるで本物の宇宙ロケットの設計図のようです。一つ一つの問題を解決するために、ロケットのいろいろなしかけを絵に描いて、解説までつけてあるのでした。

いま、宇宙ロケットをよく知っているみなさんは、あまり驚かないかもしれません。でも、ライモンドがこれを考えたのは、二十世紀の初め、七十年以上まえのことです。世界でも、プロペラ飛行機がやっと飛び始めた頃、その飛行機がフランスとイギリスを隔てる海峡を無事に飛び越えるのが大ニュースになる時代でした。それだけに、ライモンドのロケット設計は、ずっと先の未来を夢見たすばらしいものだったといえるのです。そのときの学生ノートは、いまもそっくり残されているので、みなさんもいつかコルベ神父の資料室で見ることができると思います。

さて、神学校での三年間の祈りと勉強のあと、ライモンドの人生を決定する大事な時がきました。

いよいよ、修道院に入って、実際に修道者としての生活を始めるのです。でも、すぐに神父さんになることはできません。それにはまだまだ時間がかかり、たくさんの祈りと学問がいるのです。そのために、今度は修道院のなかで厳しい修練を積むことになるのです。

もちろん、兄さんのフランシスコも同じ道を選ぶことにしていました。

二人が入るところは、大好きな聖フランシスコに見習ってできた修道会の一つ、コンベンツアル聖フランシスコ会の修道院でした。

「お父さん、お母さん——ぼくたちは聖フランシスコのように喜びでいっぱいです」

ライモンドは、いよいよ修道院に入る決心をウージ市に住む両親に手紙で伝えました。それは、懐かしい両親とのお別れを意味しています。というのは、修道院に入ることは、世のなかの一切の付き合いや地位や名誉を捨てることだからです。そのために、それまでの名前に代えて新しい修道者としての名前が与えられるのです。ライモンドの場合は、これまでの洗礼名（クリスチャンネームともいい、洗礼を受けるときいただく名前）に代わって、とてもすばらしい名前が用意されました。

それは、マキシミリアノという呼び名です。——その由来は、ヨーロッパの古い伝説に出てくる偉大な王の呼び名で、最高の栄光を現すものでした。

ところが、大事な着衣式（自分が入る修道会の制服＝修道服をいただく式）の前日になって、ライモンドの心は、とても迷い出したのです。

「ぼくは、あのフランシスコ会の貧しい服を着て……、厳しい生活にはやっぱりついていけないかもしれない……」

急に不安が湧き起こってきました。思いつめたライモンドは、修道者になることを諦めようとさえ考えました。そして、校長先生のところへ、そのことを話しに行こうとしたときです。

「ライモンド、お母さんがいまみえたよ」

兄さんのフランシスコが知らせに飛び込んできました。

「お母さん……」

母親のマリア・ドンブロスカは、なんの知らせもなしにやってきたのでした。お母さんと向かい合ったとき、ライモンドの心は、しだいに落ち着きを取り戻しました。

「ライモンド、あなたがどんなに不安かお母さんにはわかりますよ。でもきっとマリアさまがすべてをよいようになさってくださいます。心配はいりません」

さらに母親は、ライモンドと二人だけのひみつの話を続けるのでした。それは、ライモンドの見たマリアさまの夢のことです。

「――そうだ。ぼくにはマリアさまがついていてくださるんだ」

偶然訪ねてくれた母親の励ましによって、ライモンドはすっかり自信を取り戻すことができたのです。

一九一〇年九月五日――こうして着衣式を無事に迎えることができました。この時を境にして、ライモンド・コルベ少年はすべてを捨てて、マキシミリアノ・コルベという新しいいのちを生きることになったのです。

フランシスコ会の貧しい修道服を着て、腰には白いロープを結び、粗末なゴム草履を履いて、コルベ少年はこの日から神にささげる日々を歩み始めました。マキシミリアノ・コルベ。十六歳、若い修道者の誕生です。

7　もっと高くのぼろう

レオポリの修道院に入って、一年が過ぎようとしていました。

若いマキシミリアノ・コルベにはこの一年間がとても大事な時でした。それまでに身についた習慣やわがままな心を捨てて、自分を毎日新しくつくりかえ、鍛えなければならなかったからです。ところが、修道院での貧しく、質素な暮らし、厳しい祈りと勉強、自分を痛めつけるほどのこうした修練が、マキシミリアノの健康を少しずつむしばんでいたようです。

かれは、ときどき熱を出して寝込んだり、しばらくせきが続いて止まらない日がありました。

「こんなことで、ぼくはこれからも修道者としてやっていけるでしょうか」

時には自信を失って、兄さんのフランシスコに相談したほどです。

「大丈夫だとも、マキシミリアノ。ようく神さまにお祈りさえすれば、どんな苦しみにも耐えられると思うよ」

兄さんは、そのたびに弟を励まし続けました。

一年間の修練が終わると、コルベ兄弟は、クラコフにある大きな修道院に行きました。今度は、もっと上級の神学校で勉強するためです。ところが、クラコフの大修道院に移ってからまもなくのことです。

「マキシミリアノ・コルベ。管区長さまがきみをお呼びだ。すぐ部屋に行くように」

ある朝、ミサのあとで、修道院長に声をかけられたのです。

マキシミリアノはびっくりしました。というのは、管区長とはポーランドにあるコンベンツアル聖フランシスコ修道会の修道院全体に心を配り、指導をする最高の責任者である神父さんのことをいいます。若い神学生は、ふつう管区長にはめったに会えませんし、じかに話をすることもできないのです。いったい、どんな用事でお呼びなのだろうか。

とても心配しながらマキシミリアノは重い扉を押しました。すると、もう六十歳を越した管区長さまが、優しい笑顔で待っていたのです。

「マキシミリアノ、喜びなさい。わたしがこれから話すことは、神さまがお望みのことです」

管区長さまの話というのは、コルベ神学生をローマにある国際大神学校セラフィクムへ留学させたいということだったのです。それは、修道院のなかのえらい神父さんたち全員で相談したことでした。

マキシミリアノ・コルベ神学生は、なによりも神さまを信じる心が深いうえに、ずば抜けて頭がいい、しかも努力を惜しまないすぐれた素質を持っている。

レオポリの神学校をはじめ、修道者となってからのマキシミリアノのうわさは、このクラコフの大修道院にまで聞こえていたのです。

マキシミリアノ神学生は、管区長さまの話を聞きながら、からだが震えだす思いでした。たくさんいる神学生のなかから、ただ一人自分だけが選ばれてローマへ行くなんて……。若いマキシミリアノは、喜びとは反対にとても心配でたまりません。自分はからだが弱い、それに、兄さんのフランシスコは選ばれないで、弟の自分だけがローマへ行くことなんかできない……。マキシミリアノはそう思うのでした。小さい頃のライモンドならば、ただがむしゃらで負けず嫌いでしたから、留学してもっと勉強できることを喜んだことでしょう。でもかれはすでに十八歳の若者となり、その心はとても謙遜になっていました。

そこで、マキシミリアノは、ローマへの留学はとても光栄ですが、自分はからだの具合がよくないので自信が持てません。からだが丈夫になったら、そのときにお願いしたいのですと、管区長さまに説明したのでした。確かに、気候の違うよその土地ローマへ行って病気になっては、なんの意味もありません。

それを聞いた管区長さまは非常に残念がりましたが、とうとうマキシミリアノのことは諦めることにしました。

ところが、その日一日じゅう、マキシミリアノの心はすっきりしませんでした。いくら正しい理由があったとしても、目上の神父さんたちの決定をひっくり返してしまったことをずっと悩み続けたのです。

どうしたらよいのだろうか。マキシミリアノは聖堂のなかで長いこと祈り続けました。そして夕方、もう一度管区長さまのところに行き、こう言いました。

「管区長さま、わたしが今朝お答えしたことは、自分のわがままだったと思えてきました。どうぞ、お望みのようになさってください」

それを聞くと、管区長さまの顔もみるみる晴れやかになっていきました。

「よろしい。ローマへ行きなさい。健康のことは、わたしたちみんなでお祈りしよう」

こうしてローマ留学は決まりました。

ところで、この話は修道者マキシミリアノ・コルベの新しい成長を示しています。それは、自分の考えだけでなにかをするのではなく、神さまが喜ばれることをいつも心がけるようになったということです。そして、目上の人の考えや命令には絶対に従うのがとても大事なことであるという心が育っていきました。これは、修道者になったマキシミリアノの新しい生き方と心がけを表しています。

ですから、それからのマキシミリアノは、たとえどんな難しいことにであっても、神さまに応える自分の心を一つ一つ確かめ、その望みに応えられる強い自分を鍛え上げていくのです。

一九一二年十月二十九日、こうして若い神学生マキシミリアノ・コルベは永遠の都ローマでの勉強を始めるために、新しく旅立ったのでした。

第二章　聖母の騎士たち

1　ローマの七年間

みなさんは、ローマにあるバチカンの丘のことを知っていますか。

そこには、サン・ピエトロ大聖堂をはじめ、教皇の住んでいる館（教皇庁）やバチカン博物館などがあって、世界じゅうのカトリック信者にとって憧れの地です。そして、そのバチカンの丘を囲むように、ローマ市内にはさまざまな修道会の本部や大学、大小の教会や大聖堂があるのです。それらは、古代ローマから二千年の歴史を通して、キリスト教の中心として栄えてきました。

マキシミリアノ・コルベがこのローマで勉強したのは、七年間でした。初めの三年間は、グレゴリアン大学で主に哲学を学び、一九一五年十月には哲学博士の免状を授けられました。マキシミリアノが二十一歳のときです。

さらに神学を修めるために、国際大神学校セラフィクムへと進み、四年後には神学博士号も授けられました。

その間に、マキシミリアノは長い間夢見てきたカトリックの司祭（神父）になることができたのです。

それは一九一八年四月二十八日——、聖アンドレア教会で叙階式（司祭になるための儀式）がおこなわれました。

「お父さん、お母さん、この感激をどうお伝えしたらいいのでしょう。わたしは今日正式にキリストの弟子の一人になることができました。この喜びをいちばん早くお二人に知らせたくて、いまペンをとっています……」

この日、マキシミリアノはポーランドの両親に宛てて、さっそく報告の手紙を書きました。そのとき、マキシミリアノは二十四歳でした。

ところで、二つも博士号を授かったうえにこれほど早くカトリック司祭として認められるのは、とてもたいへんなことです。それは、コルベ神学生がローマでどれほど一生懸命に、キリストの道を求め、勉強に打ち込んだか、その証拠でもあるのです。

「ローマで、わたしはバチカン以外のものには、なにひとつ心を向けなかった……」

こう書き残すほど、マキシミリアノは神さまだけを見つめて過ごしました。

実は、ローマでのこの七年の間に、コルベ神学生にとって、大きなできごとがあったのです。ここでは、そのことを主にとりあげてみましょう。

永遠の都と呼ばれるローマは、キリスト教の中心地として栄えてきたと、まえに書きました。でも、長い歴史のなかでは、さまざまなできごとがあり、時にはバチカンの丘が敵に囲まれ、危険に立たされたこともあったのです。その敵とは、軍隊だけをいっているのではありません。

マキシミリアノ・コルベ神学生がローマに留学していた時代にも、そうした危険が渦巻いていました。

その頃ローマには、フリーメーソンと呼ばれる秘密結社の人びとが、悪魔のような黒い覆面をつけて町じゅうを練り歩いたりしていました。この人びとはキリスト教を認めないばかりでなく、教会をぶち壊し、教皇のいるバチカンさえも潰そうと集まってきました。

もちろん、フリーメーソンはもともと悪魔のような集団ではありませんでした。十八世紀にイギリスで始まった自由と友愛をモットーにする市民運動でしたが、やがて反カトリック運動に変わってしまったのです。それはやがてヨーロッパ各地に広まり、すでに百年以上も教会に反対し、神父や修道者たちの働きを認めようとしない動きが盛んになってきていました。神さまが望まれる神聖なもの、美しいものにことごとく反抗して、どんどん悪魔のような集団にふくれあがってきたのです。

人間の心のなかには、そうした悪魔が住んでいるのかもしれません。戦争が続いたり、生活が苦しく、社会が狂いだすと、人びとのすさんだ心は、その悪魔の誘いにどんどんなびいていくようです。しかも、カトリック教会の中心地ローマにその人びとは集まってきました。それはちょうど、秘密結社が始まって二百年祭を祝う年が近づいていたからでした。

黒覆面の行列は、教会への反対を叫ぶのぼりや旗を掲げて大きくふくれあがり、町じゅうにあふれています。あるときは、「ローマ教皇が悪魔に踏みつけられているマンガ」を押し立てて、バチカンの聖ペトロ広場にまで繰り出しました。

毎日のように続けられるこうした行列――それらは、はるばるポーランドから勉強にきていた若いコルベ神学生の目にも、いやでも飛び込んできました。

《この神聖なバチカンのひざもとで、こんなことがあっていいのだろうか》

純粋な神学生の心には、とても複雑な思いが込み上げてきました。特に人一倍、神をあがめ、キリストの道を求めてきた若いマキシミリアノには、じっとしてはいられないほどの怒りが込み上げてきたに違いありません。この神への熱い思いがついに火を噴く時がきました。

マキシミリアノが司祭になる一年まえ、一九一七年一月二十日の朝のことです。

国際大神学校セラフィクムに通うマキシミリアノ神学生たちは、いつものように祈りのため集まっていました。

校長先生である神父さんは、聖書の朗読のあとで、神学生たちに向かって短いお祝いのことばを述べたのです。その日はちょうど聖母マリアのお祝い日だったからです。校長先生のことばは、聖母マリアへのかぎりない尊敬にあふれていました。それを聞いていたマキシミリアノの心のなかに、突然のようにある思いがひらめきました。

《そうだ、聖母マリアさま、あなたこそ、人びとの心を悪から救うことができるおかたです。どうぞ、わたくしにその力をお与えください》

マキシミリアノは、教会に反対を叫ぶ秘密結社フリーメーソンの人びとを改心させるためには、清らかな聖母マリアを仲立ちとして、自分が全力で働くべきだと考えたのです。そのためには、聖母のもとに若い力を集めなければならない……。そこで、マキシミリアノが思いついたことは、聖母マリアのためにすべてをささげて働く新しい仲間をつくることでした。それは「聖母の騎士会」を創立することです。でも、突然ひらめいたこの考えは、マキシミリアノ・コルベにとって偶然のことではなかったのです。思えば、幼い頃から母親によって聖母への熱心な信心を教え込まれて育ってきたのですから。

聖母のためにいのちがけで働く「聖母の騎士会」をつくろうと思いついたとき、マキシミリアノの顔はたちまち輝き始め、喜びにあふれだしました。

「大勢の敵が神を裏切り、わがままを続けるのを放っておけるだろうか。いまこそ、聖母マリアの騎士となって立ち上がらなくてはならない」

そう決心をしたマキシミリアノには、もうなにひとつ恐れるものはありませんでした。

ところで、ここでいう騎士というのはヨーロッパの中世に生まれた階級ですが、日本でいうと武士道を重んじた武士のように、正義のためにいのちをかけて戦う人びとの呼び名です。もちろん、この場合は武器を手にして戦うということではありません。

その日から、マキシミリアノは、仲間の神学生たちに自分の考えを話し始めたのです。

「いまわたしたちは、ただ祈っているだけでいいのだろうか。キリストの敵に対してただ恐れているだけでいいのだろうか。わたしたちには神と聖母マリアという最も強い武器がある。その力を信じるならば、どんな困難にも負けることがないはずだ。まず、あのフリーメーソンの人びとを改心させるために働こう。そのために、わたしたちは聖母の騎士の旗のもとに集まろう」

この呼びかけは、一月から夏休みまでかけて、神学生の一人ひとりに続けられました。

コルベ神学生の熱意に動かされて、やがて六人の協力者が現れたのです。そのうちの一人は若い神父でしたが、残りの五人はマキシミリアノと同じ神学生でした。こうして集まった騎士たちは、マキシミリアノ・コルベを中心に将来の計画を練り上げていったのです。

そして同じ年の十月十六日の夕暮れでした。

マキシミリアノ神学生に率いられた若い騎士たちは、神学校の聖堂にある聖母マリアの祭壇の前にひざまずいて、大事な誓いを立てようとしていました。

「聖母マリアさま、わたしたちはこれから一生涯をあなたのためにおささげします」

マキシミリアノは、粗末な学生ノートを取り出しました。それには、自分で練り上げた聖母の騎士会のきまりが書いてあるのです。それをゆっくり読み上げながら、仲間たちの賛成を求めるマキシミリアノ・コルベ。その姿は真剣そのものでした。六人の騎士たちの賛成を得て、やがて一人ひとりがその粗末な学生ノートにサインしました。それによると——騎士会のメンバーは、まず第一に聖母マリアの仲立ちのもとに、秘密結社はもちろんすべての人びとを一日も早く神のもとへ導くこと。そのためには、自分をすべて神と聖母マリアにささげようとするもの――でした。

こうして聖母の騎士会は、ローマの大神学校の片隅で正式に歩みだしたのです。もちろん、この小さな会のはじまりは、校長先生である神父さんの許しをいただいていました。でもそれは、ただ信仰を深め合う学生グループぐらいにしか思われていませんでした。やがて、この聖母の騎士の働きが大神学校の枠を越えて、世界じゅうに広がる大きな運動になろうとは、経験の豊かな校長先生にさえも、まったく思いもよらないことだったのです。

そういう意味で、この一九一七年は、マキシミリアノ・コルベにとって忘れえない年となりました。そして、この同じ年、世界の一方ではレーニンによってロシア革命（帝政ロシアを倒して貧しい農民たちを解放し、新しい共産主義社会を目指した革命）がおこなわれたのでした。

すなわち、人間の平等を掲げたこの社会主義革命が初めて世界で成功したとき、一方では、若い神学生マキシミリアノ・コルベによって、人間の心の革命が、その第一歩を歩みだしていたといえるのです。

それから二年後――。

一九一九年、聖母の騎士会の働きは、ローマ教皇ベネディクト十五世の耳に入りました。そしてその年、マキシミリアノ・コルベが国際大神学校セラフィクムを卒業する直前に、教皇さまからの祝福と励ましのことばが届けられたのです。そのことは、マキシミリアノをどんなに勇気づけたことでしょう。教皇さまからの祝福をきっかけにして、「騎士会」への入会者が増え始めました。その喜びをもって、ポーランドへ帰ろうとしていた矢先のことです。ふるさとのウージ市に住んでいる母親マリア・ドンブロスカから思いがけない手紙が届いたのです。それには、長男フランシスコが神父になることを諦めて、クラコフの修道院を出たことが書いてありました。

「兄さんが――」

母の手紙を見たとき、マキシミリアノは思わず息がつまる思いでした。あの兄さんが、どうして……。マキシミリアノは、同じ修道院で兄さんと再会するのをどれほど楽しみにしていたかしれないのです。でも、兄フランシスコは、修道院を出てポーランドの義勇軍（軍隊と同じだが、自分からすすんで入る）に入ったのでした。それほどに、当時のポーランドは隣国のロシア（革命ソビエト）から攻め込まれて、危機に立っていたのです。正義派の兄フランシスコはそうした祖国のためにとても修道院でじっとしていられなかったに違いありません。

それを知ると、マキシミリアノは、さっそく母親に宛てて、なぐさめの手紙を書きました。すると今度は、すれ違いのように弟のヨゼフから便りが届いたのです。

「ぼくの尊敬するマキシミリアノ兄さん、ぼくは今度兄さんのように神父さんになる決心をしました。フランシスコ兄さんのことは、このヨゼフにはよくわかりませんが、ぼくの考えは変わりません。この九月にぼくは神学校へ入ります」

弟の便りを手にして、マキシミリアノは思わず涙ぐみました。弟ヨゼフはきっとお母さんの悲しみをなぐさめたかったに違いありません。そして、この自分を見習って神父になろうとしているというのです。

すでに二十五歳になったマキシミリアノ・コルベのまわりには、いま新しい試練が待ち受けているといえそうです。兄フランシスコと弟ヨゼフのためにも、自分はもっともっとがんばらなくては――その決意を胸にして、マキシミリアノ・

コルベは七年ぶりに懐かしいポーランドへの帰途についたのでした。

2　神さまの道具

ポーランド、いまだ死せず
われら生あるかぎり
他国が暴力で奪いしものを
つるぎ持て奪い返さん
進め進め、ドンブロフスキ
イタリアの地からポーランドへ
なんじの導きのもと
わが民と合流せん

ポーランド国歌

これは、二百年ほどまえの一七七二年、ポーランドが、ロシア、プロシア（ドイツ）、オーストリアによって占領された頃につくられた「ドンブロフスキのマズルカ」という歌です。

その頃、祖国ポーランドを離れて、ヨーロッパ各地に亡命している人びとがいましたが、この歌に出てくるドンブロフスキもその一人でイタリアにいました。かれはこれらの同志とともに、祖国の独立のためポーランドに帰ったのです。

祖国を思うかれらの心が響いてくるこの歌は、のちに国歌になりました。長い間、他国から圧力を受けたポーランドの人びとは、その苦しみを国歌として歌い続けてきたのです。

懐かしい祖国ポーランド――。

マキシミリアノ・コルベがしばらくぶりで帰ったとき、故郷はとてもざわついていました。

一九一九年、ポーランドはベルサイユ条約によって、百年以上も続いた三か国の占領から抜け出して、ようやく独立した一つの国として認められようとしていました。それは、ポーランドの人びとにとっても、そしてマキシミリアノ・コルべにとっても、どんなにうれしかったかしれません。でも、革命に成功したソビエトは領土をめぐってまたも攻め込もうとしていたし、国内では新しい指導者の地位をめぐって激しい対立が持ち上がっていました。

かわいそうな祖国ポーランド――。

その苦しみ多い祖国に、ついにカトリック司祭（神父）になった若いマキシミリアノ・コルべは、大きな夢を抱いて帰ってきたのでした。

「ポーランド万歳。わたしは第一に神の光栄のために働こう。そして、それが新しい祖国とポーランドの人びとのためになるように力いっぱい働こう」

ところが、その願いは思わぬことから困難にぶつかってしまいました。コルべ神父は、結核という胸の病気で倒れてしまったのです。それは、まえから心配していたのですが、ローマでの無理な勉強と働きが響いたのでしょう。

クラコフの病院で調べると、胸のレントゲンにはとてもひどい暗い影が写っていました。

「このままでは、助からないでしょう。すぐ入院して静養してください」

さすが、がんばりやのコルベ神父も、医者の命令には従うしかありませんでした。その頃、結核という病気にかかると、たいてい死ぬことが多かったのです。そこでコルベ神父は、クラコフの神学校（自分が卒業した母校）で、神学と哲学の先生になることを諦めて、病気を治すために入院することになりました。

それから二年間、コルベ神父はクラコフとザコパーネというところの二つの病院を出たり入ったりしながら、結核と闘う生活を送ったのです。ザコパーネというのは、チェコスロバキアに近い高原の町で、そこには結核のための療養所があったからです。

しかし、この山のなかにあるザコパーネの寂しい病室にいる間も、コルベ神父は無駄には過ごしませんでした。

ローマにいたときに始めた聖母の騎士会の計画に沿って、これからの働きをどうするか準備を始めていたのです。高い熱にうなされながら、神さまの計画をじっと考えたり、六人の仲間たちに手紙を書いたりして励まし続けていたのです。

そして、一九二一年のクリスマスがめぐってきたときです。病気が少し落ち着いたのをさいわい、コルベ神父はクラコフの修道院に戻ると、ずっと考え続けてきた計画を、実行したいと修道院長に願い出たのでした。

「院長さま、わたしに小さな雑誌を発行することをお許しください」

小さな雑誌というのは、聖母の騎士会の月刊誌のことでした。それは、コルベ神父の考えでは、人びとの心を神さまに近づけるための最も早い道具だというのです。

その頃の世界は、印刷技術をはじめ、交通や通信がめざましく発達していく時代でした。電波を使ったラジオも大きな話題となっていました。そこでコルベ神父は、神さまのことを知らせるためにも、こうした新しい道具をどんどん利用すべきだと考えていたのです。神さまのために新しい道具――そのことばを聞くと、修道院長も反対するわけにはいきません。でも、修道院から毎月雑誌を出すなどというのは、これまであまり聞いたこともないし、お金もかかり、ほかの人びとの協力も必要です。

「コルベ神父さま、あなたの考えはとてもいいことだと思います。しかし、それを始めるお金や働く人を修道院で用意してあげるゆとりはありません。あなた自身でそれを解決できるなら、雑誌の発行は許しましょう」

修道院長は、そう言えばコルベ神父も諦めると思ったのです。ところが、どうでしょう。それから一か月後、一九二二年一月になると、コルベ神父は、もう『聖母の騎士』第一号を発行する準備を始めたのでした。

「お金は必ずお払いします。でも、できるだけ安くお願いします」

そうはいっても、お金は持っていないのです。いろいろ考えた末に、コルベ神父はクラコフの町を一軒一軒まわって、お金をもらい集めることを思いついたのです。ことばを換えて言うと、物もらいにまわることでした。

フランシスコ会の貧しい修道服を着て、コルベ神父はさっそく出かけました。初めのうちは教会の信者の家をまわりましたが、それだけではお金が足りません。まもなく、まったく知らない人の家をまわって、新しい雑誌のためにお金をくださいと頼まなければなりませんでした。そのことは、いくら神さまのためとはいっても、若いコルベ神父にはやっぱり恥ずかしいことでした。あるときは、材木屋の店先に立っただけで、一言も口をきかずに飛び出してしまったこともありました。こうして、とうとう物もらいは途中でやめてしまったのです。

そんなわけで、雑誌ができあがるまでに必要なお金の半分も集めることができませんでした。しかたなく『聖母の騎士』第一号は、表紙のないまま五千部発行されたのです。それは一九二二年一月末のことでした。そして、あとがきにはこう書かれていました。

「お金が足りないので、『聖母の騎士』はこれからも定期的に出せるかどうかわかりません。編集室では、みなさんのご協力を待っています」

こんなことは、あまり格好のいいことではありません。表紙もないうえに、お金の協力まで頼む雑誌をつくる……。まわりの人びとはコルベ神父のこんなやり方をけっしてよく思いませんでした。でも、コルベ神父は諦めるわけにはいきません。この雑誌を続けることが、聖母の騎士会の大事な働きであり、人びとを聖母マリアを通してキリストのもとに集めることになると信じているからです。それにしても、印刷所に払う残りのお金はなんとかしなければなりません。

そんなある日のことでした。

困りはてたコルベ神父は、クラコフにあるフランシスコ会修道院の大聖堂に、長いことひざまずいていました。その祭壇には、ポーランドで有名な「悲しみとお恵みの聖母マリア」の像があるのです。コルベ神父は、聖母に助けを願っていたのでした。その姿はまるで母親にすがりついて心のすべてを打ち明けている子どものように純粋でした。

長い祈りを終わって、コルベ神父がそこから立ち去ろうとしたときです。聖母の祭壇の上に、なにやら白いものが置いてあるのに気づきました。ふだんは見かけないものなので、なにげなく近づくと、そこに一つの封筒が置いてあるではありませんか。思わずそれを手にとったコルベ神父は驚きで息も止まる思いでした。

その封筒の表には、「けがれなき御母、聖母マリアのために」と書いてあります。そして、なかには雑誌の印刷代のちょうど半分にあたるお金が入っているではありませんか。

「ああ、聖母マリアさま――」

いったいだれがこのお金をそなえてくれたのでしょうか。コルベ神父はさっそく修道院長にそれを届けて、すべてを話しました。

「コルベ神父さま、喜びなさい。それは、聖母マリアがあなたのためにくださったのでしょう。感謝して、雑誌のために使いなさい」

修道院長も、このふしぎなできごとに驚きながらも、そのお金を使うことを許してくれたのです。コルベ神父は、改めて聖母マリアの祭壇にひざまずいて、感謝の祈りをささげました。そのとき、大聖堂のステンドグラスを通して、とても美しい光が差していました。まるで聖母の顔は、コルベ神父に優しくほほえみかけているかのようでした。

それにしても、封筒のお金はいったいどうしたのでしょうか。だれが置いたのでしょうか。きっとそれは、神さまが善良な人の手を通して、コルベ神父の働きを助けようとされたに違いないのです。神さまは、いつもこうしたふしぎな働きをわたしたちに見せてくれます。でも、それはけっして奇跡などではなくて、コルベ神父の自分を忘れた尊い働きが、人びとの心を動かした結果に違いないのです。人びとの心のなかに神さまが働いてくださったのです。

ところで、このふしぎなできごとは、まもなく修道院じゅうに伝わりました。そして、コルベ神父の働きは、修道院の仲間たちからも見直され始めたのです。おかげで、『聖母の騎士』の発行に、仲間の神父さんや修道士が協力するようになりました。

　こうして、コルベ神父がたった一人で始めたキリストを伝える雑誌は、毎月決まった日になんとか発行できるようになったのです。

3　おかしな修道士ゼノさん

　いつも聖母マリアに祈り、そうして励まされながら、コルベ神父の働きは続きます。

　一九二二年からおよそ四年の間、コルベ神父はまったく休みなしで、夜昼なく働きました。その頃が、雑誌を続けるにはいちばん苦しく、大事なときだったからです。

　初めは印刷所に頼んでいた雑誌の印刷も、活字を間違えないように、そして安くつくるために自分たちの手で始めました。そのために、クラコフの修道院から出て、いまはソ連領になってしまった町グロドノというところに、新しく小さな印刷作業所を備えた修道院をつくりました。

新しいとはいっても、ぼろの空き家をつくりかえ、数人の修道士が印刷機械の横で寝起きするほど貧しいものでした。でも、そこが、聖母の騎士会にとって、二番目の出発点となったのです。

ちょうどその頃、この聖母の騎士会に、とても面白い人物が仲間に加わりました。では、その人が、コルベ神父に出会ったときのことをちょっとだけお話しすることにしましょう。

その人の名前は、ゼノ・ゼブロフスキー。みなさんのなかにはよく知っている人がいるかもしれません。このゼノさんは、のちに日本で大活躍をすることになるのです。

ゼノさんは、一九二四年の秋、グロドノ修道院に初めてやってきました。二十六歳のときです。それまでのゼノさんは、生まれた農家を飛び出して、気ままにいろいろな仕事をして歩いていました。

洋服仕立て、行商、靴屋、鉱山経営、鍛冶屋、鉄工所など……。でも、親不孝を続けているうちに、懐かしいお母さんが突然病気で亡くなったのです。そのときゼノさんは思いました。

《今日まで、どうして自分勝手な生き方をしていたのだろう》

そして、信仰深かったお母さんのことが忘れられなくなって、急に修道院に入ることを思いついたというのです。

ところが、修道院での第一夜のことでした。

ゼノさんは、大事にしていた自分の持ち物を全部とりあげられ、次の日には頭の毛を短くされてしまいました。おしゃれ好きなゼノさんにとっては、それはとてもショックでした。

しかも、自分が考えていた修道院の生活とは違って、その厳しさと貧しさにはびっくりです。食べる物ものどを通りません。よくよく考えた末に、とても自分はこんなところにはがまんできないと思って院長さんに相談することにしました。

そのときの修道院長が、コルベ神父だったのです。

「どうぞ、あなたの気持ちを遠慮なく言ってください」

コルベ神父は自分の椅子をゼノさんに勧めながら、優しい愛のことばと、静かなほほえみをもってゼノさんの悩みを聞きました。そのうえで、神さまのことを、心を込めて話したのです。

コルベ神父の話は、ゼノさんを心の底から揺さぶりました。これまで気ままに、ふらふらと放浪を重ね、自分の進む道をつかめずにいましたが、このとき初めて自分の弱さに気づいたのです。

「コルベ神父さま、わたしが間違っていました。これからは神さまのために働かせてください」

ゼノさんは、それ以来人間ががらりと変わりました。そして、ほんとうに貧しい修道士として出発し直したのです。それからというもの、ゼノさんはいままでの豊かな体験を生かして、靴の修理、大工仕事、掃除、洗濯、使い走りなど、どんなことでも喜んでする人間になったのでした。

ところで聖母の騎士会の働きに、やっと見通しがついた頃、コルベ神父は再び病気で倒れてしまいました。

一九二六年正月――。

コルベ神父は、またザコパーネの療養所に戻ると、それからおよそ一年間、一段と悪くなっていた結核と闘わねばなりませんでした。でも、今度はコルベ神父に代わって働く仲間ができていました。なかでも、コルベ神父の弟、ヨゼフの働きは力強く思われました。ヨゼフは神学校を卒業し、一人前の神父さんになり、名前もアルフォンソ神父と呼ばれていました。そして、兄に代わって雑誌の編集を引き受けていたのです。

おかげで、一九二七年の春、コルベ神父が病気から立ち直って修道院に戻ったときには、聖母の騎士会も雑誌も、大きな発展を遂げていました。

「兄さん、どうぞ喜んでください。あなたのまいた小さな種が、いまではたくさんの実をつけようとしていますよ」

弟のアルフォンソ神父は、そう言ってコルベ神父がいなかった間に増えた印刷の機械や雑誌を見せるのでした。確かにその頃は、聖母の騎士会の働きは、ポーランドじゅうに知られるようになり、雑誌も月に六万部を発行して、多くの家庭で読まれるようになっていました。

コルベ神父のいのちがけの苦労は実を結び、こうして聖母に対する愛とともに雑誌も、祖国ポーランドのなかに広まり始めていたのです——。

4　ニエポカラノフ・聖母の町

　みなさん、もう一度ぼくたちの映画班のランドクルーザーといっしょに走ってください。

　いま、ワルシャワから西に向かってまっすぐ国道がのびています。のどかな田園風景のなかを四十分ほど走り続けると、ポーランドが生んだ世界的な作曲家であるショパンの生家が近づいてきました。ランドクルーザーは、その国道を左に曲がります。一段と美しいポプラ並木の道です。

「さあ、まもなくニエポカラノフですよ。ご覧ください」

　案内役のポーランド人の修道士が、そう言って前方を指さしました。すると、並木のかなたに、忽然として大聖堂の十字架が見えてきたのです。

　ニエポカラノフ――。

みなさんには、初めて聞くポーランドのことばだと思いますが、そこがコルベ神父のつくった「けがれなき聖母の町」でした。

白い大きな聖堂の前には、巡礼団や観光客のバスがとまっています。そのすぐ横手には、小さな木造の建物があって、たくさんの人びとが出入りしています。

ここは、元礼拝堂だったのですが、いまではコルベ記念館になっているのです。そして、この記念館と大聖堂をとり囲むように修道院やいろいろな作業所や、訪問客の休憩所などが広い敷地に建っています。

大聖堂に入ってみましょう。

わたしたちが訪ねたとき、ちょうどミサがおこなわれていました。ステンドグラスの美しい広い聖堂内は、ぎっしりの人で埋まっています。ポーランドの人びとは、ほとんどがカトリック信者ですが、特にこのニエポカラノフ（聖母の町）の大聖堂には、いつもたくさんの人びとが集まって、熱心に祈っているのです。

祭壇には、大きな十字架とともに、美しい聖母マリアの像が立っています。人びとの歌う聖歌が建物全体を揺るがすようにこだましています。

なぜ、こんなにたくさんの人びとが集まってくるのでしょうか。ぼくたちが訪ねた一九八一年（昭和五十六年）春は、ポーランドにとってとてもたいへんな時でした。

まえにも説明しましたが、ポーランドは新しい社会主義の国を目指しながらも、人びとの生活や自由が守られていないので、大勢の人が自由を求めて立ち上がり、国じゅうが緊張していたからです。

人びとは、神さまの前で力を合わせて、祖国の自由と平和を願っていたのです。特に、ニエポカラノフの大聖堂は、愛と平和を願って聖母マリアのためにささげられたものです。ですから、人びとはこのニエポカラノフに特別の願いを込めて集まってくるのでしょう。

そのうえ、コルベ神父への尊敬は年ごとに高まっていきます。大聖堂の左手の壁には、アウシュビッツ強制収容所で囚人として働いた頃のコルベ神父の姿が描かれた大きなモザイク画が飾られていました。

愛と平和のためにいのちをささげたコルベ神父は、いつも、天国から祖国ポーランドのために働いていることでしょう。とにかく、ここニエポカラノフは、いまではポーランドのなかの聖地とさえいえそうです――。

ところで、およそ五十年余りまえまで、ニエポカラノフは荒れはてた農地にすぎませんでした。

一九二七年、ようやく健康を取り戻したコルベ神父は、新しい計画にとりかかろうとしていました。雑誌『聖母の騎士』は、月ごとに読者が増え続け、それにつれて印刷工場で働く修道士たちも増えてきました。とてもグロドノの狭い修道院では間に合わなくなっていました。

「新しい修道院を中心として、聖母マリアさまのための町をつくりたい」

コルベ神父の夢は、またまわりの人びとを驚かせました。

聖母マリアのための町……。初めはだれも本気にしませんでした。

ところが、その年の夏のことでした。

コルベ神父は、親切な信者の紹介で、ポーランドの一人の貴族と出会うことができたのです。ドウルッキ・ルベッキ大公と呼ばれるその人物は、ワルシャワの近くに広大な土地を持つ貴族でした。コルベ神父は、さっそく大公の邸《やしき》を訪ねて、自分の夢を話して、協力を願い出たのです。すると、ルベッキ大公は、話を途中でさえぎると、こう言いました。

「コルベ神父さん、あなたの夢を実現するためには、どのくらいの土地が必要ですか」

ルベッキ大公は、ワルシャワ近くの農地を半分ぐらいならば、格別安く手放してもいい……。コルベ神父の熱心さに打たれ、そう思ったのでした。

「ルベッキ大公、それはほんとうでしょうか」

今度は、コルベ神父のほうが驚く番でした。実はこの大公は、一年まえから『聖母の騎士』の愛読者だったのです。おかげで、話し合いはとんとん拍子に運びました。そして、コルベ神父は、その日のうちにテレシンというところにある大公の農地を見に出かけたのです。そこは、ワルシャワから汽車で一時間以内のところにあって、駅にも近く、とてもよい場所でした。

「なんとすばらしいところでしょう。ぜひ、この土地に聖母の町をつくりましょう。ここをぜひ分けてくださるようにお願いします」

コルベ神父は、案内してくれた世話人に夢中で話しました。ところがこのときも、コルベ神父の手もとには、たった一平方メートルの土地すら買うお金がなかったのです。

でも、この土地こそ聖母マリアさまのために絶対必要だ……。そう心に決めたコルベ神父は、次の日再び出かけていきました。今度は、聖母マリア像を携えてテレシンを訪れ、そのマリア像を土地のど真ん中に安置してしまったのです。

これにには、さすがの世話人も驚きました。まだ正式な取り引きも済まないうちに、勝手にマリアさまの像を置いてしまうなんて……。

この話は、幼い頃から、一度思い込んだらすぐ実行し、わき目もふらずに熱中するというコルベ神父の性格を伝えてくれます。

そんなわけで、このテレシンの土地はまもなく聖母の町のために与えられました。しかも、この話にさらに感動したルベッキ大公は、広い土地をまったくただでコルベ神父たちの働きのためにささげることにしたのです。

いま、ニエポカラノフの入り口に建っている聖母マリア像は、そのときのものです。

ところで、その年はコルベ神父と修道士たちにとって、特別忙しい年となりました。

すばらしい土地が与えられると、聖母の騎士会のメンバーたちは、さっそくニエポカラノフ・聖母の町の建設にとりかかったのです。まず、秋には小さく粗末なものでしたが、木造の礼拝堂を完成しました。続いて、印刷のための作業所も自分たちの手でつくりあげたのです。

そして、とうとう十一月末には、グロドノの修道院を引き払って、全員が新しいニエポカラノフに引っ越すことができました。

「みなさん、神さまと聖母マリア、そしてすべての協力者に感謝しましょう」

ニエポカラノフの修道院長に改めて命じられたコルベ神父は、できたばかりの礼拝堂で、仲間に向かってあいさつしました。そして、さっそく弟のアルフォンソ神父と十五人の修道士とともに感謝のミサをささげたのです。

野外には、真っ白な雪が降り出し、聖母の騎士たちの喜びの声が、降りしきる雪の空へ響きわたりました。コルベ神父が、三十四歳の冬のことです。

さて、それから二年の間に、この聖母の町は驚くほど発展していきました。コルベ神父の強い信仰と大きな働きを知って、ポーランドじゅうの若者たちが集まってきました。日ごとに増え続ける騎士たちで、ニエポカラノフはあふれるほどになっていったのです。

一九二九年のクリスマスの頃になると、ニエポカラノフ修道院には、司祭（神父）をはじめ、修道士、神学生、志願者たちが合わせて七百名を超すほどに増えていました。

いったい、だれがこのようになると考えたでしょうか。

当然仕事のほうも、いろいろ広がっていきました。『聖母の騎士』は、月に三十万部が発行され、ほかにも子ども向き雑誌や新聞など八種類もの印刷物が、ニエポカラノフからポーラントじゅうに送り出されるまでになったのです。もちろん、クリスマスなどの特別号の場合、雑誌は百万部出しても足りないほどでした。

それにつれて、司祭や修道士たちの働きもたいへん忙しくなりました。

雑誌の編集部と発送部、印刷所、自分たちで電気をつくる技術部、それに建築部や生活部（食べ物の自給自足）のほかに、修道士たちの消防隊までできました。

その頃、ここニエポカラノフ・聖母の町は、世界じゅうでいちばん活気に満ちた修道院として評判になり始めていました。

「どうして、あんなに若者たちを集めることができるのだ。コルベ神父というのは、よほどの大ほら吹きに違いない」

なかには、そんな悪口を言う人もいました。でも、それは違います。聖母の町に集まった人びとは、聖母マリアへのかぎりない奉仕と聖フランシスコの貧しさに見習って、自分をすべて捨てて一生懸命神さまに祈り、そして働きました。その生き生きとした姿がまたほかの若者たちを引きつけたのです。

コルベ神父が取り組んできた夢が、こうして、ようやく実を結ぼうとしていました。

ところが、そのコルベ神父の頭のなかには、まだまだ大きな夢がふくらんでいたのです。

5　もっとデッカイ希望

クリスマスを終えた数日後、夕べの祈りのあとで、コルベ神父は弟と二人きりで話し込んでいました。

「アルフォンソ神父、わたしはまえから考えていたことがあるんだよ。今度は、ぜひそれを実行に移したいと思うのだが、協力してくれないだろうか」

その長い間の夢とは、アジアの国々に向かって宣教師として出かけたいということだったのです。

「兄さん、それは本気ですか」

弟のアルフォンソ神父は、思わず兄さんのコルベ神父の顔をまじまじとのぞき込みました。

《まさか、兄さんは頭が変になったのではないだろうか》

いまこそ、ニエポカラノフの活動がやっとうまくいき始めたというときです。その大事なときに、どうして修道院長である兄さんがこんなことを言い出すのか、とてもふしぎに思ったのです。

でも、コルベ神父の頭はけっして変になったわけではありませんでした。

「いいかい、アルフォンソ神父、アジアには、まだキリストの教え、神の恵みにあずかれない人びとがあふれているんだ。兄さんは、ローマで学んでいた頃から、そのことをずっと気にしていたのさ」

それを聞くと、アルフォンソ神父も初めて、兄さんの気持ちがわかり始めました。

ちょうどその当時、ローマ教皇ピオ十一世は、「宣教の教皇」とも呼ばれていました。

そして、一九二四年から三〇年にかけては、バチカンをはじめ、どこの修道会でも、宣教のためにとても力を入れていたのです。

このチャンスを逃しては、もう自分の夢を実らせるのは難しくなるだろう……。

コルベ神父はそう思ったに違いありません。

「兄さん、わかりました。そんなに長い間の夢ならば、わたしも兄さんに協力しましょう」

アルフォンソ神父がついに賛成するのを待って、コルベ神父はさっそくその準備にとりかかり始めたのです。

ローマにあるコンベンツアル聖フランシスコ会の総長をはじめ、先輩の神父たちにも、許しをもらうために出かけていきました。その頃コルベ神父は、アジアのことをよく知りませんでした。ですから、行き先はいちばん国土の広いシナ（当時の呼び名、いまの中国）のことをまず考えていたようです。

そして一九三〇年の春がやってきました。

ある晩、コルベ神父は、ニエポカラノフの院長室に四人の修道士たちを呼び集めました。そのなかには、グロドノ修道院からずっとともに働いてきたゼノ修道士も入っていました。

コルベ神父は、優しいほほえみをみせながら、まずゼノさんに尋ねました。

「ゼノ兄弟、あなたはアジアのことを知ってますか」

ゼノさんは、突然のことできょとんとした顔をしていました。

「では、シナやニッポンを知っていますか……。そしてあなたはそこで殉教してもよいと思いますか」

ゼノさんは、シナとかニッポンとか言われてもまったく知らない国なので、どう答えていいのかわかりません。

コルベ神父は、初めてアジアへの宣教について話し出しました。すると、ゼノさんはみなまで聞かずに返事をしたのです。

「コルベ神父さま。わたしは神父さまといっしょならば、どこへでも参ります。もちろん、殉教してもかまいません」

殉教というのは、キリストの教えを守るために自分のいのちを犠牲にすることを意味します。ゼノさんは、それでもいいと答えたのです。それでゼノさんのアジア行きは決まりました。

あとの三人も、それぞれに宣教のための心構えを固めたうえで、コルベ神父といっしょにアジアへ向かうことになったのでした。

そうなれば、ニエポカラノフの修道院長であるコルベ神父は、当然交代しなければなりません。代わって、院長には弟のアルフォンソ神父が選ばれました。

そこで、コルベ神父は安心してアジアへの宣教の旅に向かうことができることになったのです。自分のまいた種がようやく聖母の町で花開き、ポーランドじゅうに大きな実を結び始めたというのに、それにはまったく心残りを感じないコルベ神父でした。

自分は、小さな種を苦労してまくが、そのよい実りはだれかに刈り取らせる……。すべては神さまが喜んでくだされればそれでいいと考えているのでした。

一九三〇年二月――。

コルベ神父と四人の修道士たちは、ニエポカラノフの全員に送られて出発しました。まず五人の行き先はローマでした。

ちょうどその頃、ローマのプロパガンダ大学というところに、一人の日本人の神学生が勉強にきていました。名前は、里脇浅次郎《さとわきあさじろう》（一九七九年より枢機卿）といって、長崎出身の青年でした。

ローマに着いたコルベ神父たちは、すぐ、この青年を訪ねると、アジアや日本についていろいろのことを尋ねたのです。そのとき、里脇青年は、アジアでキリスト教を広めるためには、シナよりも日本に行くべきだと話しました。なぜなら、シナはその頃からたくさんの勢力が争い、政治がとても不安定だったからです。

「どうぞ、日本で働いてください。そして、日本で働くならば、長崎に行ってくださいませんか」

そう言って、里脇青年は、自分の出身地である長崎の司教に宛てて、紹介の手紙を書きました。コルベ神父が、日本をアジア宣教の第一の目的地に決めたのは、この里脇青年との出会いがあったからだといえそうです。

こうして、一九三〇年三月初め――コルベ神父一行は、ローマ教皇ピオ十一世とフランシスコ会の総長の祝福を受けてローマをあとにし、いよいよアジアへ向かってマルセイユから船出したのでした。

第三章　日本での働き

1　マリアさまの雑誌

その日、春の小雨が降る長崎の港に、三人のポーランド人が到着しました。一九三〇年、およそ半世紀まえの昭和五年四月二十四日の午後のことです。その三人とは、二月末にポーランドのニエポカラノフを出発してから二か月ほどかかって、はるばる日本の土を踏んだコルベ神父の一行でした。

マキシミリアノ・コルベ神父　　三十六歳
ゼノ・ゼブロフスキー修道士　　三十二歳
ヒラリオ・リサコスキー修道士　二十四歳

ローマからマルセイユに出た一行五人は、地中海からスエズ運河を通って、アラビア海に出ました。暑いインド洋を通り、マレー半島をまわって、サイゴン（現ホー・チ・ミン市）、そしてシナ大陸に上陸しました。そこでコルベ神父はシナで宣教のため、二人の修道士を上海に残してきたのです。

長崎に上陸した三人のようすは、それぞれ両手に大きなトランクをぶらさげ、汚れた靴に、真っ黒い裾の長い修道服姿でした。

やがて小雨の上がった港から、ちょうど大浦の天主堂が見えてきました。三人は、さっそくその大浦天主堂に向かいました。そこには、長崎の司教館（この地方の神父たちの上に立つ代表者を司教という。その司教の住む建物）があるのです。ローマを出発するまえに、日本人の里脇神学生から、長崎の早坂《はやさか》司教宛ての紹介状をもらってきたからです。

三十分も歩いたでしょうか。天主堂に向かって、石畳の坂をのぼっていった三人は、はっとして足を止めました。大浦天主堂の正面に、美しい聖母マリアの像が建っているではありませんか。コルベ神父は、思わずうれしそうに二人の修道士を振り返って言いました。

「見てごらん。マリアさまがわたしたちを出迎えてくださっています。だから、日本での働きは、きっとうまくいくに違いありませんよ」

あとで知ったことですが、大浦天主堂のなかには有名な「信徒発見のマリア像」（長いキリシタン弾圧のあとで、一八六五年、隠れていたキリスト信者を発見するきっかけとなったマリア像）があって、のちに、コルベ神父はこのマリア像の前でよく祈りました。

ところで、三人が司教館を訪ねたとき、早坂司教（ローマで学び、日本人では最初に司教になった神父）はあいにく四国に出かけて、いませんでした。

「司教さまのお帰りは来週になるでしょう。それまで、この司教館に泊まってお待ちなさい」

初めてポーランドからきたお客を迎えて、年とった神父さんが言いました。

おかげで三人は、しばらくの間、司教館に泊めてもらうことになりました。でも、早坂司教が戻る日まで、三人は部屋に閉じこもったきりで、どこへも見物に出かけず、日本でのこれからの働きについてずっと神さまに祈っていたのでした。それを知った日本人の神父さんたちは、すっかり驚いたようです。

そして数日後――。

コルベ神父一行は、やっと早坂司教と会うことができたのです。

「コルベ神父さん、あなたがたは、日本でどんなことをなさりたいのですか」

早坂司教は、貧しい格好のコルベ神父たちを優しく迎えながら、ラテン語で話しかけました。

三人はもちろん日本語を話すことができません。ですから、その後もコルベ神父は日本の神父さんたちとたいていラテン語を使って話したのです。

「司教さま、わたしたちはキリストのことを知らせるためなら、どんなことでもいたします」

コルベ神父はそう言って、ゼノ、ヒラリオ修道士たちを振り返りました。

「司教さま、わたしは靴屋でも、大工でもいたします」

「わたしは印刷工をしていました」

ゼノ、ヒラリオ修道士のことばに、早坂司教もびっくりです。

「なんですって？　大工と印刷ですって」

そこでコルベ神父は、自分たちがポーランドでやってきた仕事を話したうえで、付け加えました。

「とりあえず、日本語の小さな雑誌を出すことをお許しいただきたいのです」

「日本語を知らないあなたがたが、日本語の雑誌をですか」

「はい、『聖母の騎士』というのです。日本の人びとに聖母マリアを通して、神さまのことを知ってもらうためです」

いつものように、コルベ神父の熱心な話が始まりました。キリストのことを知らせるためには、新しい科学文明をどんどん使うべきだという考えを述べたあとで、さらに言いました。

「司教さま、いずれは神さまのためにラジオ放送も日本で始めたいと思っています」

初めはあきれていた早坂司教も、その熱心な話しぶりに、どんどん引き込まれていったのです。そして、コルベ神父が哲学の博士号を持っているのを知ると、逆に長崎の神学校で教えてくれるようにと頼むのでした。

「コルベ神父さん、適任者がいなくて困っていたのです。ぜひ力を貸してください」

「わかりました。わたしでお役に立つのでしたら喜んで」

その代わりに、コルベ神父の願い、雑誌の発行も許可されたのでした。

「ゼノ、ヒラリオ兄弟、神に感謝です。さっそく一か月あとに『聖母の騎士』

を出しましょう」

コルベ神父は、さっそく雑誌を出そうというのです。

「神父さま、日本語で、一か月あとにですか」

思わず聞き返したゼノさんに、コルベ神父はにっこりしながらうなずきました。

「やるのです。そのためにわたしたちはどんなにつらくてもがんばるのです」

さっそく、三人は日本語の雑誌づくりに取り組み始めました。

まず、コルベ神父は夜も寝ずに原稿を書き始めました。文章はラテン語で書いて、それを司教館の神父さんに頼んで日本語にしてもらうことにしたのです。

ゼノ、ヒラリオ修道士は、安く間違いのない印刷所や、新しく修道院にする貸家を探して歩きました。

この忙しいさなかに、コルベ神父は、将来は自分たちで印刷することを考えて、大阪まで印刷機と日本語の活字を買いに行ったりもしました。

そして、『聖母の騎士』第一号は、ついに発行にこぎつけました。

日本にきて、ちょうど一か月目の五月二十四日のことです。それは、十六ページで、今度は表紙もついています。定価は二銭、一万部刷りました。

コルベ神父は、さっそくポーランドのニエポカラノフ修道院に宛てて電報を打ちました。

「今日、日本語で『聖母の騎士』第一号を発行、すぐ送る。聖母マリア万歳。マキシミリアノ・コルベ」

この知らせを受けたポーランドの仲間たち、特に弟の修道院長アルフォンソ神父の驚きと喜びはどんなだったことでしょう。また、母親マリアに宛てて、日本から初めて手紙を書きました。

「お母さん、喜んでください。マキシミリアノはとうとう『聖母の騎士』をポーランド以外の地で発行することができました。さっそく日本の人びとに配り始めています……」

手紙のなかにもあるように、第一号はゼノ、ヒラリオ修道士によって、長崎の駅前など、にぎやかな街角で配られたのです。

人びとは、真っ黒で貧しい修道服の外国人の姿にびっくりしながら、その雑誌を手にしました。特にゼノさんは、習い覚えた日本語の片言を使って、一人ひとりに声をかけました。

「マリアサマノザッシデス。ヨンデクダサイ……。カミサマノコト、カイテアリマス」

人びとは面白半分で手を出しました。そのたびにゼノさんは言いました。

「アナタ、メイシン。モッテマスカ。メイシン。クダサイ」

これは、ゼノさんの発音が悪いのですが、名刺のことです。あとで、名刺をもらったその人びとに月々雑誌を送ろうというのです。

一人から一人へ、手から手へ……。ゼノさんたちは一生懸命でした。おかげで、この日一日だけで、ゼノさんは二百八十部を配り、たくさんのメイシン（名刺）を受け取ったのです。

こうして、コルベ神父たちの働きは、わたしたち日本の地に小さな種をまいたのでした。

2　貧乏もささげもの

みなさんは、長崎のオランダ坂を知っていますか。その坂をおりて商店街を左に曲がった中ほどに、古風な赤れんがの家がいまも残っています。

実は、およそ五十年まえコルベ神父たちは、この赤れんがの家を一度借りて仮の修道院にしようとしました。ところが、印刷機を運び込んで二晩ほど泊まったのですが、そこはナンキンムシ（外国からの貨物などで日本に入ってきた血を吸う害虫）の住みかだったのです。

「カユイ。ニッポンノムシ、トテモ、カユイデス」

ゼノさんがさっそく薬を買ってきてまきましたが、まったく効き目がありません。昼となく夜となく、ナンキンムシの攻撃にあって、からだじゅうがかゆくてどうしようもありません。さすがの聖母のサムライたちも、これにはまいってしまい、とうとうこの家をやめることにしたのでした。

そのあとで見つけたところは、大浦天主堂のすぐ下にある雨森《あまのもり》病院跡でした。いまは火事にあって半分ほどしか残っていませんが、当時は木造二階のしゃれた洋館だったようです。ちょうど病院が引っ越して、空き家になったところを見つけることができました。

「コルベ神父さま、わたしたち三人には少し大きすぎるかもしれませんね」

ヒラリオ修道士がガランとした建物を見て言いました。

「いいえ、印刷もすべてここでやるのです。広くはありません。それにわたしたちの修道院はすぐ大勢になります」

コルベ神父は、少し古くて壊れかけていましたが、この建物が気に入ったようです。そこで、『聖母の騎士』第一号を発行してまもなく、この雨森病院跡に引き移りました。いよいよ、聖母の騎士修道院のはじまりです。

さっそく印刷機を運び込んで仕事の準備にとりかかりました。というのは、『聖母の騎士』第二号からは、ポーランドと同じように原稿を書くことから、文選（活字を選んで印刷の版をつくること）、印刷までを自分たちの手でやろうというのです。

でも、それはたいへんなことでした。日本語の読めないゼノ、ヒラリオ修道士二人が日本語の活字を拾い、手まわしの印刷機をまわすのです。ほんとうは、日本人を雇ったほうが早いのですが、お金の節約が大事でした。同時に、コルベ神父の考えはこうです。

「わたしたちの仕事は、ただ能率だけを考えてはいけません。自分をささげる犠牲こそが大切なのです」

なにしろ、コルベ神父たち三人が日本で働き、暮らしていくお金はすべてポーランドから送られてくるもの（信者たちからの献金）でした。それだけに自分たちも真剣でした。

では、大浦の雨森病院跡の仮修道院で始まった暮らしぶりをのぞいてみましょう。

ガランとした一階には、真ん中の柱に十字架を飾り、そこが仕事場を兼ねた食堂、寝室でした。

ゼノ、ヒラリオ修道士は、仕事が終わると印刷機を置いた板敷きの床の上に、むしろを敷いて寝ていました。

コルベ神父のほうは二階で、炭俵を二つ倒した上に、旅行トランクを横にした机に向かって、勉強したり、原稿を書いたりしていました。昼は坂の上の神学校に毎日哲学を教えに行き、夜は二人と同じようにむしろを敷いて寝ていたのです。

食事といえば、手づくりのパンとスープかお茶でした。スープには、米とか麦がほんの少し浮かんでいるぐらいで、肉はめったに使いません。日本のお茶は、三人とも初めは慣れないので、少しだけ色のついたものに塩か砂糖で味つけして飲んでいました。

食事の用意をするのは、主にヒラリオ修道士の役目で、縁先に七輪コンロを出して火を使いました。雨の日などは、傘を差しながら炊事をやっていたようです。とにかく、栄養が足りない食事なので、三人とも痩せていました。それを見た司教館の神父さんや信者たちが、時には肉や牛乳を届けてくれたようです。

でも、三人はとても明るく、朗らかで、いつも神さまに感謝しながら暮らしていました。

こうした三人の貧乏な暮らしぶりは、外国人を見慣れた長崎の人びとにもとてもふしぎに見えたようです。

『聖母の騎士』第二号は、予定よりもずいぶん遅れて六月末に発行されました。そんなある日のことです。ゼノさんは、長崎駅に小荷物を受け取りに行きました。大阪で買った印刷機の部品と活字の追加分が届いたからです。

「そりゃあ重たかろう。手伝ってやらんばたい」

そう言って、一人のからだつきのがっちりした男が近づいてきました。

「アリガト、アナタトテモシンセツ、天国ニイケマス、アリガト」

ゼノさんは、喜んで荷物の一つを手渡し、修道院まで運んでもらいました。なんと親切な日本人もいることでしょう。

ところが、その男は荷物を置いても、なかなか帰ろうとしないで、三人の住む家をめずらしそうに見てまわるのでした。

「アナタ、メイシン、クダサイ。アナタノコト、ワスレマセン」

ゼノさんは、いつものようにメイシン（名刺）をもらうと、やっと帰ってもらいました。

実は、その名刺からあとでわかったのですが、この男は長崎警察署の大勝《おおかつ》刑事だったのです。ポーランドからきた変な外国人のようすを見まわりにきたというわけです。それを知らない三人は、この親切な日本人にとても感謝していたのです。そして大勝刑事のほうも、三人の暮らしぶりがあまりに粗末なことに感心しきって引き上げたのでした。でも、口ひげを生やしたこの大勝刑事が、あとでコルベ神父たちのまわりを監視し続けることになるのです。

八月になると、この仮の修道院の仲間は七人に増えました。まずシナに残っていた二人の修道士が、日本での仕事を手伝うために引き上げてきたのです。次に、ポーランドから若い神学生二人がやってきました。おかげで修道院は急ににぎやかになりました。

ところが、この合計七人になった騎士たちに困ったことが待っていたのです。それは、日本の暑さと蚊の攻撃でした。特に、ポーランド生まれの七人には、蚊というのは初めての敵でした。夕方になると、蚊の大群が家のなかにやってきて、だれかまわずおそいかかるのです。夜じゅう蚊に刺されて寝つかれない日が続きました。それに、夜中に印刷機を動かしている修道士にも遠慮なく蚊はつきまといます。蚊取り線香を使ったり、煙でいぶしたりもしましたが、あまり効き目はありませんでした。これには、がまん強い修道士たちも困ってしまいました。

そこで、コルベ神父は決心して、日本人の使っている蚊帳《かや》を買って、みんなに与えました。一日じゅう休むひまなく働いているのですから、せめて、夜はゆっくり眠らないとからだを壊すと考えたのです。でも、自分の蚊帳は買いませんでした。

「コルベ神父さま、もう一つ蚊帳を買ってください」

ゼノさんが心配して頼みましたが、コルベ神父はにこにこ笑って言いました。

「わたしは、ニッポンの蚊と仲良しになりたいと思っているんだよ……」

実は、お金が足りなくて買えないので、自分はがまんしていたのです。そんな無理が重なったからでしょうか、九月に入ると、コルベ神父は高い熱を出してしまったのです。

三日間も熱が下がらないので、長崎にある大学病院に行って診てもらうことにしました。

「ひどいラッセルが聴こえますね」

聴診器で診断したあとで、医者はさっそくレントゲンを撮るように言いました。結果ははっきりしていました。

「これはひどい結核の後遺症です。すぐ入院して、しばらく静養しなくてはなりませんね」

でも、コルベ神父はあまり驚かずに言いました。

「ドクター、わたしのからだはポーランドで同じ診断を受けています。あなたはレントゲンだけでそれがおわかりです。きっと名医ですね」

このときコルベ神父を診断して名医だといわれた医者は永井隆博士といいました。ずっとあとに、原子爆弾を受けて苦しむ人びとを助けて働き、自分も原子病になり亡くなりましたが、子どもたちのためにとても立派な本をたくさん書き残しています。その永井博士は、こうしてコルベ神父と出会い、親切に診察をしたのでした。

ところで、コルベ神父の高い熱は、その翌日からうそのように下がりだしました。すると、もう次の日からまたいつものように仕事に取り組んでいたのです。

「わたしたちは、日本人と日本のためにポーランドからきたのです。ゆっくりベッドに寝ているわけにはいかないのです」

コルベ神父は、それからもよく熱を出しましたが、よくがんばり通しました。それには、まわりの修道士たちもほんとうに驚くばかりだったのです。

3　コルベ神父と会った人びと

神さまは、いつも人を通してわたしたちに近づき、いろいろな恵みを与えてくださいます。

雨森病院跡に仮修道院ができてから、いろいろな人びとが神父たちと知り合うようになりました。

ではここで、コルベ神父やゼノさんとその頃じかに知り合った日本人の幾人かに、その思い出を尋ねてみることにしましょう。

☆江口源一さん（六十五歳）は、コルベ神父から哲学を習った教え子で、長崎の港からフェリーで三十分ほど離れた伊王島に住んでいます。江口さんは、五十年もまえのことを昨日のできごとのように覚えていました。

「わたしがコルベ神父さまとお会いできたのは、ラテン神学校の教室です。そのときの印象では、先生は背が高くて、歩き方もさっそうとしていました。とても病気がちだとは思えませんでした。黒い修道服を脱いで軍服を着せたら、立派なポーランドの将校になるようなきりっとした感じを持っていました。あとで胸の病気と聞いたのですが、そういえば授業のときの声はかすれがちでしたし、お祈りの声も小さかった……。そして、いちばんの思い出は、授業のまえとあとには必ず天主堂にある信徒発見のマリアさまの前で、いつも祈っておられた姿です」

☆岩永四郎さん（六十五歳）も同じようにコルベ神父の教え子です。いまは佐世保カトリック教会の神父さんです。

「コルベ神父さまは、目がとてもきれいなかたでした。目の美しさと鋭さ、それが忘れられません。ラテン語で哲学を教わりましたが、非常にゆっくりとみなにわかるように話しておられました。先生は全員にわからせたい気持ちでいっぱいでしたが、こっちはたいへんです。先生はよく『ディーカス（言ってごらん）』と励ましてくれて、ぼくたちが少しでも答えると、『べーネ、べーネ（よろしい）』と言って、とても喜んで勇気づけてくれました。それには、ほんとうの教育者らしい美しさを感じましたね」

☆中島万利さん（六十八歳）は、大浦の仮修道院にもよく手伝いに行った神学生でした。いまは諫早カトリック教会の神父さんですが、特にゼノさんとコルベ神父の印象をこう話しています。

「コルベ神父さまは、修道士であるゼノさんたちをとても大切にしていましたね。一方ゼノさんは、コルベ神父と日本人の間をつなぐ水道管のような役目をしていたと思いますね。同時に、避雷針でもありましたよ。危ないこと、難しい交渉ごとは、ゼノさんがちゃんと和らげてくれる……。あの人がすることはみなユーモラスでした。たとえば『オ金クダサイ』と言われても憎めないし、トンチンカンなことでも、みんな許してあげましたね。日本語がよくわからなかったのがかえってよかったのでしょう。その分、ことばでなくからだを使ってのおこないが立派でした。どんなに貧乏でも明るくて、いつも神さまのため、貧しい人のために働きました。それがみんなの心を動かしたと思うのです」

☆田北耕也さん（八十六歳）はめずらしい体験の持ち主です。一九三〇年（昭和五年）九月からおよそ半年の間、大浦の仮修道院でコルベ神父たちといっしょに暮らしたことがあるのです。長崎の活水《かっすい》女子専門学校で西洋史を教えていた頃のことです。ドイツ語が得意でした。いまもかくれキリシタンの研究者として活躍しています。

「あの頃、ぼくがじかに見たコルベさんたちの働きには、すごみがありました。ぼくはよく活字を拾うゼノさんたちに原稿の日本文字を正しく教えてくれと頼まれたのです。あの人たちは丸一日かかって、原稿の二行か三行の活字を拾うのがやっとでした。それに、手まわしの印刷機を動かすことはたいへんな労働です。ハンドルをまわす者の汗が床の上に落ちて、それが乾いて白い塩ができていたほどです。よく病気で倒れないって……。そうなんです。粗末な食べ物のおかげで、炊事係のヒラリオさんがいちばんに鳥目になってしまいました。それほどまであの人たちは、毎日を神さまのためにささげていたのです。その姿には頭が下がりました」

☆八巻頴男《やまきとしお》さん（一九七九年、八十五歳で逝去）、このかたも長崎鎮西《ちんぜい》学院の先生でしたが、聖フランシスコのことを知りたくてコルベ神父のところを訪ねました。その後、お得意のイタリア語で雑誌の翻訳を手伝い、コルベ神父にはとても喜ばれていました。

「あれは一九三〇年（昭和五年）の十一月だったと思います。学校の帰りに修道院に寄ってみました。雪が降って、とても寒い日でしたが、ストーブもありませんでしたね。『これを訳してください』、コルベさんの頼みで翻訳を始めましたが、『手が冷たくてとてもできません』、思わずそう言ってしまいました。するとコルべさんは、熱いお茶を沸かして持ってきました。『これを飲んでください。これはおなかのなかからのストーブですよ。温かくなりますよ』と言ってにこにこしているのです。その優しい笑顔のなかに、コルベさんの意志の強さと神への絶対の信頼を読み取ることができました。いまでも、冬がくるとあのときのコルベさんの顔が目に浮かんでくるのです」

『長崎聖母の騎士資料集』第一巻（小崎登明著）より

八巻さんは、すでにこの世にはいません。いまごろ天国でコルベ神父と昔話を語り合っているかもしれません――。このほかにもたくさんの人びとがコルベ神父を助けながら、かえって強い影響を受けたに違いないのです。

4　苦しみと恵みと

日本の冬――。

聖母の騎士たちにとって、初めての冬がやってきました。いくら寒い北国生まれのポーランド人でも、修道服一枚で上に着るオーバーもなく、ストーブもない生活は、相当寒くつらかったはずです。それでも、元気にがんばっていました。

やがて、十二月になり、コルベ神父と六人の修道士たちの上にさまざまなことが起こりました。

一つはとてもうれしいことでした。聖母の騎士修道院に入りたいという日本人の少年が初めてやってきたのです。少年は、浦上出身の佐藤繁雄といって十四歳でした。

「みなさん、今日からこの佐藤少年はわたしたちの兄弟です。この兄弟が神さまのお役に立つように、よく祈ってください」

「おめでとう。神に感謝――」

みんなの喜びで、寒い修道院のなかが急に明るくなる感じでした。

ところが、その喜びのさなかに、ポーランドから一通の電報が届いたのです。電報を手にとったコルベ神父の顔は深い悲しみの表情に変わりました。

「神父さま、どうかしたのですか」

コルベ神父は、しばらく目を閉じていましたが、落ち着いた声でみんなに悲しい電報のことを知らせました。その知らせというのは、ニエポカラノフの修道院を引き継いでいた弟のアルフォンソ神父が、突然病気で亡くなったというのです。

「えっ、あのアルフォンソ神父さまが」

「どうしたのですか。まだ若いのに」

修道士たちはたちまち悲しみのあまり涙ぐみ、落ち着きをなくしてざわめきだす始末です。

コルベ神父は静かに話し始めました。

「みなさん、弟が亡くなった日は、マリアさまにささげられた土曜日でした。弟アルフォンソはマリアさまから召されて、天のニエポカラノフへ帰ったのです。だから悲しまないでください」

そして、さらに自分にも言い聞かせるように続けるのでした。弟の死は、人びとを悲しませるためのものではなく、自分たちをもっと強くするためのものだと言うのです。

「わたしはこの世で、人びとのために片一方の手でしか働くことができません。なぜなら、もう片方の手は、自分が神さまにしがみついて、しっかり生きるために使わなければならないからです。でも天国では、両方の手を自由に使えるし、聖母マリアさまがいっしょに働いてくださるのです……。きっと弟も両手を差し伸べて天国から働いてくれるでしょう。わたしたちのために祈り、励ましてくれるでしょう」

コルベ神父のこのことばは、読者のみなさんには少し難しいかもしれません。でも、いっしょに少し考えてみましょう。わたしたちの親しい人が亡くなることは、ほんとうに悲しいことです。でも、その死の苦しみを恨んだり、愚痴を言ったりしないで、神さまからの試練――恵み――として受け止めよう……。そうすれば、亡くなった人も、神さまといっしょにわたしたちを天国から励ましてくれます。わたしたちは、それによって苦しみに負けない強い人になることができるのです。

つまり、死や苦しみはこわいものではなく、わたしたちをより強めてくれるものだ。コルベ神父はこう言っているのです。この考えは、とても大切なことだと思います。

一月になると、今度は別の苦しみが待っていました。

夏にポーランドからきたミロハナ神学生が盲腸炎をこじらせて、入院しなければばなりませんでした。そして、急いで手術しなければ、いのちが危ないというのです。

コルベ神父は、病院に毎日通って、若いミロハナ神学生を励ましました。あるとき、病室に入ると、ちょうど医者と看護師が、ミロハナ神学生に注射をしていました。

「あ、ああ……」

それを見たコルベ神父は、うめくようにその場に倒れてしまったのです。

「神父さん、どうなさいました」

注射を終わった医者が、あわてて駆け寄りました。コルベ神父の顔は真っ青です。

実は、コルベ神父はなによりも注射が大嫌いだったのです。あれほど、がんばりやで信仰深く、勇気のある神父でしたが、一つだけ弱いことがあったというわけです。注射器を見ただけで、ぶるぶる震えだす神父を見て、医者とそばにいた看護師は思わず顔を見合わせたのでした。

コルベ神父はやっと落ち着きを取り戻して、ミロハナ神学生のベッドに近づいて言いました。「ミロハナ兄弟、わたしたちは、たとえこの日本の地で病気で亡くなったとしても、それを恨んだりしてはいけません。わたしたちはとうの昔に、自分のすべてを神さまのためにささげているのです。ですから、どんな苦しみ、病気も神さまのためにささげるのです」

病気すらも神さまにささげる……。

まだ二十歳を迎えたばかりのミロハナ神学生は、コルベ神父のことばに大きくうなずきました。

手術の日がきました——。

長い手術の間じゅう、コルベ神父はミロハナ神学生のために、ずっと祈りながら待っていました。

そして、三時間後、手術室から運び出されたとき、ミロハナ神学生の顔はまるで死人のようでした。それを見たコルベ神父が、今度はその場に倒れてしまったのです。

さっそくコルベ神父もベッドへ運ばれました。

「あのようすを見ていると、お二人はほんとうの兄弟のようですね」

看護師たちは、そう言って二人の強い結びつきに心を打たれていました。それほどに、コルベ神父はミロハナ神学生の苦しみを自分のものとして受け止めていたのです。

コルベ神父は、その日からしばらくの間、ミロハナ神学生とベッドを並べて病の床についてしまいました。日本にきてからずっと無理をして働いたので、とうとう重い病気にかかってしまったのです。

苦しみ――。

それはわたしたちにとって、けっして無駄なことではありません。わたしたちは、苦しみを通していつも神さまのことをより深く知ることができる……。だから病気も神さまの贈り物だ、恵みなのだとコルベ神父は考えていたのです。

5　神はどこにいるか

「コルベ神父、病気オモシ、コンゴノハタラキハ、コンナント思ワレル、オイノリクダサイ、ゼノ」

これは、ゼノさんがポーランドに宛てて送った電報でした。それほど、コルベ神父の病気は悪かったのです。しかし二月の声を聞く頃になると、危険状態は去って、ふしぎに快方へ向かいました。そして三週間後、コルベ神父とミロハナ神学生はそろって退院することができたのです。

二人が病院から帰ってきたので、修道院にはまた明るさが戻ってきました。そして、二月の紀元節（いまの建国記念の日）が近づいたある日のことでした。

早坂司教が、お見舞いのために訪ねてきました。

「コルベ神父さん、ずいぶん痩せられましたね。でも治られてなによりでした」

そう言いながら、早坂司教は連れのお客さんを一同に紹介しようとしました。

「アレ、アナタハ――」

そのお客さんを見て、ゼノさんが素っ頓狂な声をあげました。というのは、夏に長崎駅から荷物を運んでくれたあの親切なチョビひげの男がいっしょだったからです。

「やあ、しばらくじゃね。だが今日は、あんたの手伝いというわけじゃなか。ちょっと確かめたかことがあってきたとです」

男は、そう言ってコルベ神父に改めて名刺を差し出したのです。

【長崎警察署　外事二課刑事　大勝芳橘《おおかつよしきつ》】

大勝刑事は、この日改めてコルベ神父たちのことを調べにきたのでした。

「コルベさんとかいうそうじゃが、あんたが、この連中の大将じゃそうだね」

刑事は、ハンチングをかぶったままで尋ねました。

「いいえ、大将ではありません。わたしはポーランドからきたカトリックの司祭マキシミリアノ・コルベです」

「あんたたちゃ、神さまを信じとるそうじゃが、それはどこにおっとか」

「わたしたちの神は、この世におられるのではなく、天におられるかたです」

「コルベ神父――」

早坂司教が、あわてて口を挟もうとしました。ほんとうのことを言っては、刑事を怒らせてしまうからです。

「では聞くが、わが万世一系の天皇陛下さまをあんたはなんと思っとるか」

「天皇さまを――」

「そうだ。わが天皇さまこそ、現人神《あらひとがみ》（生きている神）ですばい。その天皇さまを神と仰がんで、おまえらはだれば神だというとか」

大勝刑事は、ついに大きな声でどなりだしました。その頃の日本では、天皇を神と認めない者や天皇への礼儀を守らない者は、だれであろうと捕らえられて刑務所送りになったのです。それだからといって、コルベ神父は助かるためにうそを言うわけにはいきません。

「刑事さん、あなたがどう言われても、わたしの信じている神こそ、ほんとうの神です。天皇さまは、わたしは人間として尊敬はしますが、神ではありません」

「な、なんだと――」

とうとう大勝刑事は真っ赤になって震えだしました。早坂司教は、二人の間に入って仲をとりなしました。

もともと日本人の考えている神とヨーロッパ人の考える神との間には、大きな違いがあるのです。その違いを話して、コルベ神父がけっして天皇さまを認めないわけではないと、一生懸命話しました。

でも、大勝刑事の気持ちはおさまりません。

「コルベ神父、あんたは天皇陛下さまを神さまだとはどうしても信じんというのか。じゃどうなってもよかというとか」

「――そのとおりです」

と、病気上がりのコルベ神父でしたが、一歩も譲ろうとはしませんでした。そして、こう付け加えたのです。

「でも刑事さん。天皇さまがほんとうの神さまであるというあかしがあれば、そのときは考え直しましょう」

「神であるというあかしだって？　そりゃどういうことか」

大勝刑事は乗り出すようにして問い返しました。

「もし天皇さまが、だれかのためにいのちをささげて、三日目に復活して生き返ったならば、そのおかたを神だと信じます」

このときコルベ神父が考えていたのはイエス・キリストのことでした。イエス・キリストは、人びとの罪を背負って十字架にかけられて死にました。そして三日目にこの世に復活したのです。

「ばかが！　死んだ人間が三日目に生き返るもんか……。もうよか。あんたとは、これ以上話しても無駄ばい。あとで警察にきてもらうけんの」

大勝刑事は、コルベ神父のがんこな信念にあきれて、すっかり腹を立てて帰ってしまいました。

でも、このできごとは、昭和の初め頃の日本を知るためには大事なことなのです。この頃から日本は天皇を利用した軍国主義の道を歩み出していました。それはやがて、人びとを天皇の名を使って間違った戦争へと駆り立てていったのです。

こうした軍国主義の誤った考え方に、コルベ神父はけっして負けませんでした。どんなときでも、神だけを信じ、自分が正しいと思う主張を貫こうとしていました。

ですから、これから先も、コルベ神父は、どんどんひどくなる軍国主義と戦い続けていくのです。

6　残されたもの

一九三一年、昭和六年の春がやってきました。

苦しかった冬の試練を乗り越えて、コルベ神父たちは新しい夢に向かって取り組み始めたのです。

それは、いよいよ自分たちの修道院を建てようということでした。コルベ神父は、一冊でも多く、しかも安く『聖母の騎士』を出すために、一日も早く自分たちの修道院と印刷所をつくりたいと考えていたからです。

そのためには、まず土地を探さなくてはなりません。その役目は、買物上手なゼノさんが引き受けて、長崎のあちこちを探し歩きました。教会の信者のなかには、自分の空いている土地をただで使ってもらおうとする人さえ出てきました。

でもコルベ神父は、もっと大きいことを夢見ていたのです。

「わたしたちはやがて学校も始めるつもりです。そのためには、もっと広い土地がいいのです」

人から人の口利きで、ゼノさんはやがて広い土地を見つけてきました。でもそこは、長崎の町から十キロも東に行った彦山《ひこさん》という寂しい場所でした。

コルベ神父は、さっそくゼノさんと神学生の一人中島青年を連れて見に行きました。

「ゼノさん。こんな急な山地はだめだよ」

中島神学生が言うように、そのあたり一帯は急な斜面で、荒れたお墓や竹やぶばかりでした。

ところが、コルベ神父の考えはこうでした。

「日本人をごらん。みんなが山や斜面を上手に利用して、立派に建物をつくっていますよ。わたしたちもそれを見習うべきです」

「では神父さま……」

ゼノさんは思わずコルベ神父の顔を見つめました。実は、このあたりはかくれキリシタンのお墓もあって、地元の人からは嫌われているのでした。それを知らされると、コルベ神父はかえって喜んで言いました。

「迫害を受けたカトリックの血が流れているというのだね。それならきっといい場所です。殉教者たちが守ってくれるでしょう。ここに決めましょう」

こうして、かなり広いその山地に修道院を建てることにしたのです。ところが、それを買い取るためのお金がポーランドからなかなか届きませんでした。山の持ち主との間に入った信者の代表者が、心配して修道院に駆けつけてきました。

「コルベ神父さま、お金はほんとうに届くとでしょうか」

すると、コルベ神父はいつもの優しい笑顔で言うのです。

「ご心配いりません。お金は天国からちゃんと届くでしょう。マリアさまがほんとうにお望みならば、きっと間に合うように届けてくださるでしょう」

信者も、それを聞いて安心しました。コルベ神父が、これほど神さまを信じているなら自分もそうしようと思ったからです。つい、明るい気持ちになった信者は、ゼノさんをちょっぴりからかいました。

「ゼノさん。あの彦山のあたりは、お墓もあって、よう火の玉が飛んだり、たぬきが出たりするとよ。それでもよかとね」

ゼノさんは、少しもあわてず答えました。

「ハイ。ダイジョウブデス。タヌキト火ノ玉、ワタシ友ダチニナリマス。アチラガ、ワタシヲバカシタラ、ワタシモ、タヌキヲバカシテアゲルトデス」

すると、今度は横で聞いていたコルベ神父がすました顔で言いました。

「それはいい勝負になるでしょう。きっと、ゼノさんが勝ちますよ」

——四月に入ると、山の持ち主との話し合いも無事に終わりました。

それを待って、修道士たちはさっそく彦山に出かけて、作業にとりかかりました。

コルベ神父のやり方は、いつものように待ったなしです。始めに山林や竹やぶを切り開き、崖を削って平らな土地にならすのです。この土木作業には、長崎に住むカトリック信者や知り合いが、大勢手伝いにやってきました。

この頃になると、コルベ神父たちのことは、それだけ長崎の人びとに親しまれ始めていたのです。この思いがけない人びとの協力もあって、彦山には最初の修道院を建てるだけの平地がまもなくできました。

次は、家づくりです。

それには、もちろん専門の大工さんたちが取り組みましたが、コルベ神父やゼノさんたちも、それを見習っていっしょにのこぎりやかんなを使って働いたのです。

みんなが一生懸命働いたので、建設は急ピッチで進みました。そしてついに一か月後、新しい木造平屋の修道院が完成しました。やや細長いこの建物の入り口にいちばん近いところが印刷室、いちばん奥が聖堂に充てられました。みんなの寝るところは、しばらくの間、屋根裏に決めました。

一九三一年、昭和六年五月十六日、土曜日、晴れ――。

この日、聖母の騎士たちは大浦の仮修道院を引き払って、全員がこの新しい修道院に引っ越しました。五月はマリアさまの月なので、コルベ神父はどうしてもその月に新しい出発をしたかったのです。ちょうどそれは、コルベ神父たち三人が日本にきてから、丸一年後のことでした。

騎士たちは、どんなにうれしかったことでしょう。コルベ神父がその喜びをポーランドに向けて書き送ったのはもちろんです。

現在、本河内ダムを臨む丘の上に建っている聖母の騎士修道院は、このときから始まったのです。その頃は町からも遠く、彦山の裏手で寂しいところでした。そのためでしょうか、長崎に原子爆弾が落とされたときもここは助かったのでした。


この思い出深い最初の修道院で、コルベ神父は一九三六年、昭和十一年まで働きました。その数年の間に、聖母の騎士運動は、日本人のなかにどんどん広がっていきました。

毎月休みなく発行してきた雑誌も、その頃には大阪、東京などにたくさんの愛読者が増えて、発行部数も六万部になっていました。

そして一九三六年には、聖母の騎士修道院に小神学校が建てられ、日本の少年たちの教育も始められたのです。初めての校長先生にはミロハナ神父がなりました。病気で苦しんだあのミロハナ神学生が立派な神父になって、大切な役目を果たしていました。その頃、騎士たちの数は、日本人の修道者も含めると、二十名を超すまでになっていました。

こうして、日本にまかれた聖母の騎士の種が、ようやく実を結ぼうとしていた頃、コルベ神父はポーランドに帰国することになったのです。突然ニエポカラノフの修道院長に任命されたからです。

その日は、一九三六年、昭和十一年五月二十六日でした。

コルベ神父は、親しい人びとの盛んな見送りを受けて、長崎の港をあとにしました。そして、このときを最後に、コルベ神父は二度と日本の土を踏むことはなかったのです。

昭和十年代――。

ちょうどこの時代に、わたしたちの日本は急激に軍国主義の道を進み出していきました。

満州事変をはじめ、二・二六事件、そしてヒトラー・ドイツとの間に防共協定をベルリンで調印。世界の国々からのけものになった日本は、ついに中国との間に戦争を起こし、やがて第二次世界大戦へ――それから、暗く長い戦争の道をたどることとなったのです。

そして一九四五年、昭和二十年、八月十五日敗戦――。

この日を境に、戦争に敗れた、焼け野原の日本には、大勢の戦争孤児があふれていました。食べる物もなく、働く職場もなく混乱しきった世のなかで、一人のひげの修道士が大活躍を始めました。それは、親を失った子どもや飢えた人びとのために、自分のことを忘れて働くゼノさんの姿だったのです。日本国じゅうを駆けまわり、困っている人びとに、食べ物や着る物をかき集めて届け、数えきれないほどの愛の奉仕に取り組んだゼノ修道士――。その働きは、とても人間わざとは思われないほどでした。「ひげのゼノさん」の名前で知られたゼノ修道士の働きは、すべてコルベ神父を通して神さまから教えられたものだったのです。

一九八一年二月、歴史上初めて日本を訪れたローマ教皇ヨハネ・パウロ二世は、八十歳を越したこのゼノさんにわざわざ会う時間をとりました。

「ゼノ兄弟。わたしは、あなたと同じポーランド生まれのヨハネ・パウロ二世です。あなたは長い間、ほんとうによく働いてくださいましたね。ありがとう……。あなたの働きは、コルベ神父といっしょに、いつまでも忘れませんよ」

すっかり頭のぼけてしまったゼノさんは、ただうれしさのあまり、教皇さまの手を握り締めてむせび泣くだけでした。

それから一年余りあとです。ゼノさんはベトレヘムの園病院で、静かに息を引き取りました。神さまとわたしたち日本人のために働いた八十六年間でした。それは一九八二年四月二十四日。ちょうど五十二年まえ日本に上陸したときとまったく同じ日付で、ふしぎなことにマリアさまにささげる土曜日だったのです。

第四章　天国への道

1　ヒトラーとの戦い

みなさん、もう一度ポーランドの聖母の町、ニエポカラノフ修道院を訪ねてみましょう。

受付のある正面を入った右手に、二階建ての古い洋館があります。階段をのぼってすぐのつき当たりに部屋があり、ふだんは小さな鍵がかけられていますが、ここが修道院長のコルベ神父の住んでいた個室でした。修道院長の部屋といっても、聖母マリア像を飾った机と書棚のついたてを挟んで、粗末なベッドがあるだけの質素なものです。そして、東に向いたガラス窓からは、美しい庭に建てられた白い聖母像が見えています。

よく見ると、その窓際の一方に、高いガラス戸棚が置かれていて、ここにも小さな鍵がかけられていました。コルベ神父がいつも使っていた日用品が大事に残してあるのです。祈りの本、日本から持ち帰ったノートや日本人の名刺、眼鏡、懐中時計、日本でかぶっていたぼうし、地球儀などもありました。

そして、いちばん上の棚には古い小型の置き時計が一つ十一時五十分を指したまま置かれていました。この時間は、コルベ神父が、この部屋で捕らえられ連れていかれた時を示しているのでした。それは四十一年まえのことです。


ところで一九三六年、昭和十一年に日本からポーランドへ帰ったあと、コルベ神父はどうなったでしょうか。

ここニエポカラノフ修道院長になって三年後のことです。独裁者ヒトラーのつくったナチス・ドイツ軍が、突然ポーランドに攻め込んできました。一九三九年九月、第二次世界大戦の勃発です。それはたちまち全ヨーロッパを戦火に巻き込んでいきました。ナチス・ドイツ軍は、イタリアと手を組んで、まわりの平和な国々を攻め、自分たちの領土を広げようというのです。

一方、アジアではナチス・ドイツと手を結んだ日本軍が、太平洋戦争（大東亜戦争とも呼ばれた）を引き起こしていたのです。その結果、世界じゅうが戦争の渦に巻き込まれ、人びとを不幸のどん底に陥れていきました。

特にポーランドの場合は、ナチス・ドイツ軍が我が物顔で国じゅうを荒らしまわり、いたるところが戦場となっていました。ワルシャワをはじめ、各地が爆撃され、国土を守る軍人はもちろん多くの市民、女性や老人、そして子どもたちが殺されていきました。また、ナチス・ドイツに反対し、戦争を止めさせようとする人びとは、次々に捕らえられ、強制収容所へ連れていかれたのです。なかでもユダヤ人に対しては、小さな赤ん坊も含めてすべての人間を捕らえてみな殺しにしろというのが、ヒトラーの命令でした。

みなさんも知っているアンネ・フランクも、そのためにオランダの隠れ家で見つけられ一家全員が連れ去られたのです。

戦争は、日ごとに人間をけもののようにします。

聖母マリアの町、ニエポカラノフもついにナチス・ドイツ軍の狙うところとなりました。戦争に協力しない修道院から大きな印刷機をはじめ、大事な機械類を持ち去り、ニエポカラノフ（聖母の町）を潰そうというのです。もちろん、修道院長のコルベ神父はいのちがけでそれを食い止めようとしました。しかし、武器を持ったドイツ軍に修道士や神父さんたちが勝てるわけはありません。トラック十数台に乗り込んだナチス・ドイツ軍の兵隊が、まるでハゲタカがえさを奪い去るように、ニエポカラノフの機械類を全部奪い去ってしまいました。そうなると『聖母の騎士』などすべての雑誌の発行は中止しなければなりませんでした。

　その頃、コルベ神父は、二度も捕らえられて、ヒトラーのために協力しろと脅かされました。もし自分たちの戦争に力を貸すならば、ニエポカラノフも残してやろうというのです。しかし、コルベ神父は、たとえ大事な機械を持ち去られ、聖母の騎士の活動が止められたとしても、自分の心を悪魔のようなやつに引き渡すことはしませんでした。

「あなたたちは間違っています。罪のない人びとを殺す戦争は、どんな理由があろうとも神の心に背く最大の罪悪です。その戦争を推し進めるあなたたちを認めるわけにはいきません。わたしは、ナチス・ドイツ軍に抵抗します」

　どんなに脅迫されても、コルベ神父はヒトラーの考えには頑強に反対し、戦い続けました。そのために、ドイツ空軍は、ついにニエポカラノフを見せしめのために爆撃しました。修道院長のコルベ神父はさっそく焼け残った建物を使って、戦争で家を焼かれた人びとの救護センターにしました。その頃、ワルシャワを追い出された市民たちは二千人以上も、この救護センターにきて助けられたのです。

敵は、ますますあらゆる手を使って人殺しを広げていきました。コルベ神父と同じように、いのちがけで敵に反抗する神父さんや修道士たちをナチス・ドイツが放っておくわけがありません。平和を愛する大勢のキリスト者たちも、毎日のように捕らえられ強制収容所へ送られていたのです。コルベ神父も、いつか捕らえられて、死の収容所へ送られる日がくるかもしれない……。その危険を間近に感じたある日のことでした。コルベ神父は、ニエポカラノフの全員を焼け落ちた聖堂に集めて、次のように話し始めたのです。

「兄弟のみなさん、わたしたちにとって、ほんとうの成長、発展とはどんなことでしょうか。キリストを信じる者の成長というのは、ほんとうはわたしたちの目に見えるものにあるのではなく、わたしたちの魂にあるのです。発展というのは、外側の活動や財産にだけあるのではなくて、心のなか、精神にあるのです。たとえ学問であっても、正しい心に支えられていなければ、ほんとうの発展とはいえません」

聖堂のなかは静まり、全員の顔がコルベ神父のことばをひとことも聞きもらすまいと見つめています。コルベ神父は、仲間たちにさらにはっきりと言いました。

「ですからみなさん、いつかわたしたちの仕事を全部やめさせられる時がきたとしても、心配することはありません。わたしたちのなかに、主イエス・キリストを信じる心さえあれば、それはきっといつか大きな実を結ぶことになるからです」

そして、コルベ神父は少しの間、目を閉じました。仲間たちのこれからのことを考えて、胸がいっぱいになったからです。でも、もう一度顔を上げると力強く続けました。

「みなさん、いま平和が押し潰されようとしています。でも、どんなことがあっても、わたしたちは神さまが望まれる平和を守って生きていくべきです。ほんとうの平和は、毎日まいにちあなたがたの心のなかに生まれ、育てられるのです。そのために、わたしたちは自分をささげるのです。自分だけのしあわせに生きるのではなく、人びとへの愛と平和のためにささげるのです。みなさん、その覚悟を持ちましょう。……毎日のおこないを通して、わたしたちはキリストに近づくことができるのです。それこそが、わたしたちにとってほんとうの成長であり、喜びなのです」

このとき、コルベ神父の目には涙が光っていました。実は、このことばがニエポカラノフに残る仲間たちへの別れのあいさつでもあったのです。

それからまもなく、ついに恐れていた日がやってきました。黒い軍用自動車に乗ったナチス・ドイツ軍の将校が、コルベ神父を捕らえるためにニエポカラノフに乗り込んできました。

それは、寒い冬で、あたりは雪で凍りついていました。

「マキシミリアノ・コルベ。おまえはヒトラー帝国の敵である。よってこれより逮捕して収容所へ送る」

将校は、自分たちで勝手にでっちあげた命令書を突きつけました。

「しばらくお待ちなさい。わたしは逃げるつもりはありません」

コルベ神父は、きっぱりと言いました。そしてほんの少しだけ時間を延ばしてもらうと、あの思い出深い古い小さな聖堂に入って、聖母マリア像の前に静かにひざまずいたのです。

《聖母マリアさま、わたしはあなたのお望みのように、これから出かけます。でも、どこへ行こうといつもあなたの励ましのもとに、立派に働くことができますようにお守りください》

まもなく、コルベ神父を引き立てに兵隊たちが乗り込んできました。そして、身につけていた十字架やロザリオ、それに祈りの本もすべてとりあげると、黒い修道服に粗末なゴム草履姿のままのコルベ神父を、凍りついた庭先に連れ出しました。

そこには、ニエポカラノフに残る全員が、見送りのために出ていました。コルベ神父は仲間に顔を向けましたが、なにひとつ言うことは許されません。ただ、みなに向かって静かに十字を切ると優しい笑顔を見せて、軍用車のなかに押し込まれたのでした。

その日は、一九四一年、昭和十六年二月十七日――。時計は十一時五十分を指していました。

こうして、連れ去られたコルベ神父はこのニエポカラノフにもう一度生きて帰ることはできなかったのです。

2　アウシュビッツ強制収容所

コルベ神父が、始めに連れていかれたところは、ワルシャワのパビアク刑務所でした。その頃、ワルシャワはすでに敵ナチス・ドイツ軍の思うままだったのです。

そして五月になると、あの恐ろしいアウシュビッツ強制収容所への移動が決められました。コルベ神父は、罪もなく捕らえられた大勢の人びとといっしょに動物を乗せる貨車に詰め込まれ、三日間も食べ物を与えられないまま揺られ続けたのでした。

アウシュビッツ強制収容所——。

そこは、まるでこの世の地獄ともいえる殺人工場でした。ヨーロッパじゅうから貨車で送られてきた人びとは、そのまま収容所の構内まで運ばれ、そこでナチスの兵隊によって二つのグループにえり分けられるのです。まだ働ける者は、右手の宿舎へ押し込まれました。コルベ神父も、その宿舎のグループに入れられたのです。

でも、からだの弱りきった老人や働けない女性、子どもたちは、荷物を全部取り上げられると、左手の奥にある半地下の建物へ追い込まれました。そこは、毒ガスによる殺人工場、ガス焼却炉でした。からだの弱りきった人びとは、シャワーのお風呂に入れてやるとうそを言われて、丸裸にされるとすぐコンクリートの大きな地下室へ押し込められ、そこへ天井から流れ込んでくる毒ガスでみな殺しにされるのです。

もともと、アウシュビッツというのは、ドイツ語の呼び方で、元はポーランドのオシェンチムという平和な村でした。ところが、そこにあったポーランド軍隊の兵舎が、戦争とともにナチス・ドイツ軍によって強制労働と大量殺人の工場につくりかえられていったのです。戦争が激しくなるにつれて、ここに連れられてくる人びとの数は、一日に千人を超すようになり、そのために収容所は狭くなりました。するとナチス・ドイツ軍は囚人たち自身にバラック小屋をつくらせたり、殺人のために、いろいろな設備まで無理やりつくらせたのです。そして、毎日まいにち残虐な暴力や人殺しがおこなわれました。銃殺刑、絞首刑、ガスによる集団殺人、長い間の重労働、拷問、病気、栄養失調、餓死、人体実験、女性の髪を集めて工場へ送り織物までつくられました。

こうしたナチスの強制収容所が、ポーランドだけでも四百か所余り、全ヨーロッパには千か所もつくられていたのでした。それほど戦争というのは、人間を悪魔のように残虐にしてしまうものです。なかでも、アウシュビッツ強制収容所は最もひどく、驚くような大量殺人を続けていたのでした。

一九四〇年から四五年までの五年問に、四百万人の人びとがここで犠牲になったといわれています。全ヨーロッパのナチス収容所では一千百万人が殺されています。

ところで、このアウシュビッツ強制収容所で、コルベ神父を待っていたのはなんでしょうか。

まず、背骨が折れるような重い材木を運ぶ重労働と、パンとキャベツのスープだけという粗末な食事、それに毎日がまるで動物を追い立てるようなひどい取り扱いでした。

ある日のことでした。

コルベ神父は、重い材木を担いでつまずき、地面に倒れてしまったのです。

番兵が飛んできて叫びました。

「このぶたやろう、立て！　立って働くんだ」

そして、太いむちで息が止まるほど打ち続けました。コルベ神父は何度も立とうとしましたが、ついに気を失ってその場に動けなくなってしまったのです。番兵は、囚人の仲間にコルベ神父を収容所のなかにある病院へ運ばせました。病院とは名ばかりで、とてもひどいところでした。ナチス軍の医者が死にかけている人間を使って人殺しの実験などをしていたのです。

でも、そのなかにポーランド人の医者が一人いました。囚人と同じく捕らえられてきたのです。ルドルフ・ディームという名前でしたが、この医者はコルベ神父を知っていたのです。

「神父さん、できるだけ食べ物をとって、早く体力をつけてください」

ルドルフ医師は、ドイツ軍に隠れてコルベ神父に特別食べる物を与えようとしました。というのは、この病院の患者たちは働いていないという理由で、食べ物は半分しか渡されなかったのです。ところがコルベ神父は、せっかくルドルフ医師がまわしてくれた食べ物の半分をいつもほかの病人に分けてあげていました。

「あなたはまだ若い。わたしよりもっと生き延びなくてはなりませんからね」

その頃には、コルベ神父の体重は四十キロほどに減って、からだは痩せきっていました。これほどの病人ならば、病人用の柔らかいベッドに入ろうとすればそれもできます。

「神父さん、よいベッドのほうに寝てください。そのほうがからだのためにいいのです」

ルドルフ医師は頼むように言いました。でも、コルベ神父はそれすらも断ったのです。

「ルドルフ先生、わたしよりもだれかほかにもっと苦しんでいる人がいるでしょう。柔らかなベッドは、その人にまわしてあげてください」

と。

ルドルフ医師は、そのときのコルベ神父の優しいほほえみを死ぬまでずっと忘れることができませんでした。この医師のおかげもあって、コルベ神父は少し健康を取り戻すことができました。そして、病院を出て、元の宿舎第十四号棟へ戻らされたのです。その第十四号棟で、思いがけないできごとが起こったのは、それからまもなくのことでした。

3　夏の日のできごと

それは七月の終わり、暑い日のことです。

第十四号棟の作業班は、うだるような暑さのなかで、つらい重労働に駆り出されていました。

ところが、その仲間の一人がナチスの番兵たちの目を盗んで脱走したのです。それは仲間たちが力を合わせて逃がしたとしか考えられません。なぜなら、ただ一人だけで恐ろしい番兵の目をごまかすのは、とても難しいことだからです。それに、収容所のなかでのナチスの残虐ぶりを、だれかが外の人びとに知らせる必要をみんなが感じていたからです。そのために仲間が手を貸して逃がしたのです。

夕方、作業が終わり、囚人たちの数を調べる点呼になりました。そのとき、ついに逃亡者のことがばれてしまったのです。収容所のなかは大騒ぎとなり、すぐに捜索隊が出されました。そして第十四号棟の全員は、広場に集められ立たされたのです。収容所のボスであるフリッツ所長が、むちを手にしてやってきました。

「いま逃亡者を探している。もしそいつが二十四時間たっても捕まらないときは、おまえたちに言っておく、このなかから十人を選んで死刑にする。わかったな」

フリッツ所長の命令は絶対でした。

その場に並ばされた百人を超す囚人たちの顔は青ざめ、息も止まる思いです。コルベ神父も、そのなかに立ち尽くしていました。

アウシュビッツ強制収容所――。

そこでは、常に死ぬことを見つめながら生きなければなりません。

でもみんなは、ああ、今日も生きられたと、一日一日をなんとか生き続けては、いつかは家族のもとに戻れるという希望をつないでいたのです。それなのに、この第十四号棟の人びとには、いまはっきりと死刑が言い渡されたのです。

《自分たちのなかから十人が選ばれ、必ず殺されるのだ……》

その夜、十四号棟の宿舎では、だれもが眠ることのできない長い時間をじっと耐えていました。コルベ神父も、そのなかで苦しいときを過ごしながら、まわりの人びとを励ましていたのです。

「わたしたちは、どんなときでも神を信じなければなりません。死そのものはけっして恐ろしいものではないのです。いちばん恐ろしいのは、わたしたちの心がけだものになってしまうことです」

長く苦しい夜がやっと明けて、また暑い七月の朝がやってきました。

「全員すぐに広場へ出ろ！　早く出て並ぶんだ」

銃を持ったドイツ兵がどなりながら、みんなを追い立てました。そして、全員は昨日と同じ場所に立たされたのです。

「逃亡者はまだ見つからない。そこでおまえたちは、今日一日ここに立っているんだ」

フリッツ所長に代わって、若い将校が数人の番兵を連れてきて叫びました。そのとき、七月の太陽は囚人たちの上にじりじりと照りつけ始めていました。ほかの宿舎の囚人たちは、朝食を済ませて一日の労働に駆り出されていきます。でも、第十四号棟の全員は、この同じ場所にこれから一日じゅう立ち続けなければなりません。暑さのために気を失って倒れかけた者は、番兵が飛んできて足で蹴り上げました。そして、無理やり立ち上がらせ、銃を突きつけ脅し続けたのです。ついにどうしても立つことができない者は、日陰ひとつない広場の隅に転がされ、捨てておかれました。

やがて、ポーランドの空を真っ赤に染めて、夕方がやってきました。しかし、逃亡者を発見することはできなかったのです。まもなくフリッツ所長が怒り狂った足取りでやってくると、全員に叫びました。

「逃亡者はついに見つからない。したがっておまえたちとの約束を実行する。これから、逃げた一人の代わりに十名を選ぶことにする。その十名は、見せしめのために飢えて死んでもらわねばならない。この次同じことを起こしてみろ、今度は二十名に死んでもらう。わかったな」

囚人たちは、みな恐ろしさで顔がこわばり、震えだすのをやっとこらえて立っています。もし自分が十名のなかに選ばれたら、第十一号棟にある地下の死の牢獄（餓死監房とも呼ばれていたところ）に入れられ、一滴の水も飲まされずに、飢えて殺されるのです。

「おい、十名を選べ」

フリッツ所長の命令を受けた将校が、さっそく十名を選び始めました。息を止めるようにして立つ囚人の間を通って、将校は一人また一人と指さして歩くのです。

「こいつ」

「こいつも」

「おい、おまえだ」

そのたびに、番兵は選ばれた囚人を銃で前へ突き飛ばしました。その囚人のなかには、思わず泣き叫ぶ者、震えだす者、気を失いかけて倒れかかる者もいました。

「いやだ。許してくれ。おれは死にたくない」

そのとき、突然泣き叫びながら将校にしがみついた若い囚人がいました。

「なんだと、ふざけるな」

将校はとっさに殴り倒しました。

すると、その囚人は前方に立っているフリッツ所長のところへ駆け寄って叫んだのです。

「お願いです。おれには妻と小さな子どもがいるんです。かわいそうだ。もう一度会いたいんです」

その囚人の名は、ガイオニチェックといい、若いポーランド兵でした。田舎の町に残してきた若い奥さんとまだ小さな息子二人がこの若い父親の帰りを待っているのです。もちろん、フリッツ所長はこの男の泣きごとを聞こうとはしませんでした。

「なにを言うか。こいつ!」

所長のむちが、囚人を思いきりぶちのめしました。

「立て、立つんだ」

番兵が泣き叫ぶ男を引き立てて、十人の列に押し戻したのです。

ついに十名の受刑者が選ばれました。助かった仲間たちの顔からどっと汗が吹きだしてきました。自分は助かった――。でもその思いと同時に十名の仲間へのつらい思いで、汗を拭おうとはだれもしません。

「よろしい。この十名をすぐ第十一号棟の地下牢へ連れていけ！」

フリッツ所長が満足げな顔でさらに命令しました。すると将校は、十人の囚人にみな木靴（作業用に木でつくった靴）を脱ぐように叫んだのです。魂を奪われたような十人は、みなうつろなようすで裸足になりました。でも、若い男ガイオニチェックだけは、自分の木靴を地面に力いっぱい叩きつけ、声を殺して泣いていたのです。

「右向け右！　餓死監房ブロック11へ向かって、前へ進め」

この十名が、ついに死の地下牢へ連れていかれようとしたときです。一人の囚人が、フリッツ所長に向かって進み出てきたのです。所長は、思わず腰の拳銃をとってかまえると、怯えたように叫びました。

「止まれ！　ポーランドのぶため、止まらんと撃つぞ」

しかし、その囚人はそれにはかまわず、よろめくような足取りで、所長の前までくると立ち止まりました。

その人は、囚人番号一六六七〇。コルベ神父でした。そこにいる囚人たち全員の驚きのなかで、コルベ神父は、はっきりこう言ったのです。

「所長、お願いがあります。わたしを十人のなかに加えてください。その代わり一人を助けてほしいのです」

所長は、すぐにはわけがわからずにどなりました。

「おまえは、ほ、本気で言っているのか」

「はい、そのとおりです……。わたしはこのとおり弱りきっていて、あまり役に立ちません。でも、あの若い人はまだ働けます」

「だれの代わりに死のうと言うのか」

やや落ち着きを取り戻した所長が、拳銃を下ろしながら聞き返しました。

「あの若い人の身代わりになりたいのです。あの人には妻や子どもがいます。でもわたしには妻子がありません」

そのとき、十名のなかにいた若い男ガイオニチェックは、初めてそこにいるのがあの聖母の騎士のコルベ神父であることを知ったのでした。

「ああ、あの人は……」

囚人たち全員も、強い驚きとある感動でコルベ神父を見つめました。

フリッツ所長も意外な申し出に心がぐらついているのを隠すことができません。

でも、なおもいばったまま聞きとがめました。

「いったいおまえは何者だ。囚人番号一六六七〇、職業はなんだ」

「わたしは、カトリックの司祭（神父）です」

「神父か、ぶたやろう……」

所長は、吐き捨てるように言うと、改めてコルベ神父の顔をまじまじとのぞき込んだのでした。

「わたしは、神父ですから結婚をしていません。でも若いかれには、家族が待っています。所長、どうかお願いします」

コルベ神父の目は、じっと所長を見つめています。

そのとき、囚人たちはみんな思いました。

《神父さんはばかなことをした。黙っていれば助かるのに……。第一、フリッツ所長はコルベ神父も、若い男も、二人とも地下牢に送るだろう》

と。

ところが次の瞬間、フリッツ所長はコルベ神父のまなざしにおされたように言ったのです。

「よろしい。ではおまえが身代わりになれ」

「——ありがとうございました」

コルベ神父は、フリッツ所長に頭を下げると、履いていた木靴を自分から脱ぎました。

「ああ、神父さん。あなたがわたしの代わりに……」

十名のなかから、若いガイオニチェックが走り出して、コルベ神父の前に駆け寄りました。

「……ああ、わたしはどうしていいのか!」

でもコルベ神父は、その若い父親に向かって、ただ優しい笑顔でうなずいただけでした。

「よーし。十名のなかに入れ。出発だ!」

将校が、裸足になったコルベ神父を十人のなかへ押しやりました。

こうして、コルベ神父は自分からすすんで十名の受刑者に加わったのです。

夏の空を赤く染めていた夕焼けも、その色を落とし、夕闇が迫っていました。

その夕闇のなか――。

十名は、いま第十一号棟の地下牢へ連れ去られていきます。いちばん最後からは、コルベ神父がついていきます。でも、その顔には涙はありません。かえって晴れやかともいえる顔で、天を仰ぐように歩いていきます。

その姿は、まるで二千年まえゴルゴタの丘に十字架を背負わされて、人びとの罪を償うために引き立てられていったイエス・キリストのようでした。

確かに、コルベ神父はこの日まで、あのキリストのあとを歩きたいと願い続けてきたに違いなかったのです――。

4　地下牢の二週間

みなさんは、食べ物がまったくもらえず、飢えたまま死んでいくということが、どんなに苦しいことか考えられるでしょうか。

狭く暗い死の牢獄――。

コルベ神父たちが第十一号棟の地下牢に押し込められてから五日がたっていました。その日までには、十人のうち三人がすでに死んで、七人が生き残っていたのです。八畳ほどのコンクリートむきだしの地下牢には、小さな天窓が一つあるだけで、昼でも暗く、じめじめしていました。コンクリートの床の上に、裸のままからだを横たえて、七人はやっと生きていたのです。

コルベ神父は、部屋の隅に、からだ半分を壁にもたせかけるようにして座り、いつも祈り続けていました。あとの六人は、時には気がおかしくなってうめいたり、大声で助けを求めたりしましたが、たいていはコルベ神父が力づけることばにちゃんと答えていたのです。そして、からだに力がある間は、みんなはコルベ神父といっしょに祈りを唱えたり、賛美歌を歌ったりしていました。

こういう場合、同じ地下牢のなかでも、よその部屋では死を待っている者同士がわめき合い、相手を傷つけ、なかには死んだ仲間を食おうとさえする地獄のようなことが起こっていたのです。ところが、コルベ神父のいる部屋は違っていました。たまに死体を運びにきたドイツ兵が、ふしぎに思ったほどです。この部屋からはよくお祈りと美しい賛美歌が聞こえてきたのです。その地下牢に行くときは、まるで教会堂へ降りていくような気持ちすらしたのです。

死の牢獄に押し込められてから二週間がたちました。

このとき、まだ息をしている四人のなかに、コルベ神父も残っていたのです。みんなが意識をなくして横たわっていたのに、コルベ神父だけはまだしっかりした意識を持っていました。それは、仲間たちが一人残らず天国へ行けるように、神父として最後の祈りで見送ろうとしているかのようでした。

地下牢の苦しみが始まって十五日目でした。

その日、二人のドイツ兵が死の牢獄へやってきたのです。コルベ神父ただ一人だけが振り向きました。

「おい、まだ生きているのか。今日は死んでもらうぞ」

そう言いながら一人の兵士が注射器を取り出して、コルベ神父に近づきました。注射器にはフェノールという毒薬が入れてありました。いつまでも死なないコルベ神父のために、ついに毒薬を注射して殺そうというのです。ドイツ兵と注射器を見ると、コルベ神父は壁によりかかっていた半身をゆっくりと起こしました。

そして、自分から左の腕を差し出したのです。

「――こ、こんな人間は見たことがない」

二人のドイツ兵は気味が悪くなって、顔を見合わせました。

「アベ・マリア……。アベ・マリア……」

コルベ神父はこの最期の時に臨んでも、聖母マリアを忘れませんでした。そのうえ、注射をし終わったドイツ兵士に向かって、かすかにほほえみさえ見せたのです。

まもなく、意識を失い、心臓が止まったコルベ神父は、壁によりかかったまま天に召されていきました。その目は美しく、天上を見つめたままでした。

この日は、一九四一年（昭和十六年）八月十四日。聖母被昇天の大祝日の前夜でした。コルベ神父は四十七歳。ちょうど日本にやってきてから十二年目になります。

コルベ神父は、生涯ずっと肺結核で、何度も死にかけたほどからだが弱りきっていました。それなのに、地下牢の十人のなかでだれよりも長く生き続けて、最後にいちばん嫌いだった注射を打たれて殺されたというのは、とてもふしぎな気がします。

いったい、それほどまでコルベ神父の魂を支え、いのちのかぎり人びとのために働かせたものはなんだったのでしょうか。

うす暗い地下牢に、そのときふしぎな光が差してきて、壁によりかかったコルベ神父の姿を美しく照らしていたのでした。

5　二つの冠

ところで、コルベ神父によって救われた若い父親はどうしたでしょうか。

元ポーランド兵士のガイオニチェックは、やがて四年後、一九四五年のアウシュビッツ解放の日に助け出されました。それはまったく信じられないことです。なぜなら、アウシュビッツ強制収容所では毎日まいにち何百何千という人が殺され、ここへ入れられた四百万人を超す人びとのうちで生きて帰ることができたのは、ほんとうに数えるほどしかいなかったのですから――。

そのなかで、あの若い父親は四年間も生き続けることができたのです。この奇跡の生存者のおかげで、コルベ神父の輝くような死が、一人生きていたお母さん、マリア・ドンブロスカのもとに、やがて知らされたのです。

それは、ナチス・ドイツが連合軍によって全面的に滅ぼされ、ヨーロッパ全土にやっと平和が戻ってきた一年目のことでした。生存者からの手紙を通して、思いがけない息子の死を知らされたとき、六十九歳になったお母さんの目からは熱い涙がこぼれ落ちてきました。すでに二人の息子たちはそれぞれ亡くなり、夫のユリオ・コルベもナチスとの戦争のために殺されていました。

ただ一人生きていると望みを持っていたマキシミリアノの死が、ついに知らされたのです。年とったお母さんの胸は、悲しみで張り裂けそうです。でも、マリア・ドンブロスカは、その悲しみに耐える力を持っていました。

「ああ、わたしのライモンド、あなたはいま、とてもすばらしい知らせを届けてくれましたね。友のためにいのちを投げ出したなんて……。そのことは、あなたがずっと望んでいたことなんですもの、このお母さんにも悲しいはずはありません。おめでとう、ライモンド……。お母さんはけっして悲しんでいませんよ」

思わず、コルベ神父の写真に向かって話しかけるのでした。

マリア・ドンブロスカはその頃クラコフ近くにある修道院に住み込んで、神父さまたちの身のまわりの世話をしながら、ただ一人で暮らしていました。小さな部屋には、三人の息子と夫の写真を飾って、いつも祈り続けてきたのです。

このお母さんには、もうだれも身内の者はいませんでした。ふつうならば、運命を呪い、神さまを恨むことでしょう。ところがマリア・ドンブロスカは神さまをほんとうに信じて生きてきたのです。お母さんは涙の顔をあげて、もう一度写真のなかのコルベ神父に語り続けました。

「ライモンド、お母さんはいま、あなたが小さかった頃のことを思い出しています。ねえ、ライモンド、あなたもあのことを覚えているでしょう――」

そう言いながら、お母さんは遠い昔のことを思い出していました。

その思い出というのは、ライモンドがまだわんぱく盛りの少年の日のことでした。ある朝、ベッドから飛び出してきたライモンドは母親のマリアに大喜びで知らせたのです。

「お母さん、ぼくは今朝マリアさまの夢をはっきり見たんだよ」

お母さんは驚いて聞きただしました。

それによると、夢のなかで聖母マリアは両手に白と赤の冠を持っていて、ライモンドにどっちが欲しいかと尋ねたと言うのです。カトリック信者の間では、その白い冠というのは神への純粋な信仰・純潔のしるしであり、赤い冠は死をもって信仰を守る殉教者であるしるしなのです。

「ライモンド、あなたはどうお答えしたの」

母親が心配げに聞くと、ライモンドは明るく答えました。

「お母さん、ぼく二つとも欲しいですと、答えたんだ。だって、両方ともとても美しい冠だったんだもの」

母親のマリアとライモンドは、この夢のことをだれにも話しませんでした。神さまと二人だけのひみつの約束にしたのです。でもマリア・ドンブロスカは、このときからライモンドのために祈ってきたのでした。

《聖母マリアさま、どうぞ、わが子ライモンドの約束をきっと、かなえてくださいますように……》

そして、ライモンド少年も、この日を境にして、自分の一生を神さまのためにささげようと心に決め、いつも自分をつくりかえていったのです。

いま、長い間のその夢が果たせたのです。どうして、その息子のために喜ばない母がいるでしょうか。

「ライモンド、あなたのためにお母さんはいまとても喜んでいます。……いいえ、わたしの息子マキシミリアノ・コルベはずっとまえから神さまにおささげしていたのですもの……。あなたの知らせが届いただけでも、わたしはうれしくてうれしくて……。ライモンド、あなたは戦争の憎しみ合うなかで、人びとを愛し続け、いのちをかけて平和の道具となったのですね……。ああライモンド、長い間ほんとうによくがんばってくれました。神さま、ありがとうございます」

六十九歳のお母さんの目からは、再び涙があふれ出てきました。でもその涙はただの悲しみのそれではありませんでした。悲しみを超えた宝石のような涙でした。マリア・ドンブロスカは息子の死すらも神さまのために喜ぼうとしていたのです。

ちょうどそのとき、修道院の聖堂から夕べの鐘の音が流れてきました。

それは、コルベ神父とこの母マリアを祝うかのように、美しく響きわたっていくのでした。

終わりの章
わたしたちへのメッセージ

◇奇跡の生存者

ぼくたち映画班のポーランド撮影も、終わりに近づいてきました。そして、コルベ神父のこの物語も終わろうとしています。

最後にぼくたちは、チェコスロバキアとの国境に近いブリッジという町を訪ねていきました。ポーランド軍隊のキャンプのあるこの基地の町に、とても大事な人物が住んでいたからです。

町はずれの住宅地を歩いて、一軒の古びた民家の扉をノックしました。

「どうぞ、お入りください。お待ちしていましたよ」

顔を出した白髪のおばあさんが、日本人のぼくたちを見て優しいほほえみで迎えてくれました。実は、ここがあのガイオニチェックさんの家で、白髪のおばあさんは奥さんだったのです。

ぼくたちはさっそく、こじんまりしたサロンに通され、そこでもうすぐ八十歳になるガイオニチェックさんに会うことができたのです。

「コルベ神父さまとのお話をぜひ伺いたくて、日本からおじゃましました」

そう言ってあいさつすると、ガイオニチェックさんはぼくたちの手を固く握り締めて言いました。

「遠い日本からよくこられましたね……。コルベ神父さまのことでしたら、どんなかたともお会いするのがわたしの役目です」

ガイオニチェックさんの顔は、八十歳の年寄りとはとても思えない若々しさにあふれていました。この人が、ちょうど四十年まえコルベ神父によって救われたあの時の若い囚人その人だと思うと、なにか心が高ぶる思いがします。

コルベ神父のあの日の顔や声が思い出されてくるのでしょう。ガイオニチェックさんは四十年まえの話を始めると、思わず声がつまり、涙があふれてきて、たびたび話をやめなければなりませんでした。

「あの時、わたしに代わって十人の列に入られたマキシミリアノ・コルベ神父さまは、なにもおっしゃいませんでした。……ただわたしたち残される者に、優しい目でお別れをされただけです。でも神父さまの顔はかえって輝いているようでした……」

ガイオニチェックさんは、いまでもその時のコルベ神父の顔が見えてでもいるように、噛みしめるように話し続けるのです。

「コルベ神父さまの死は、あの悪らつなナチスに対する大きな勝利だとわたしは思っています。なぜなら、敵はくる日もくる日も、何百何千という人びとを次々に殺していました。……その狂ったような嵐のなかで、コルベ神父さまはそれを一人で押しとどめたのですから……。それは、戦いで勝ったのではないとしても、祈りによって、精神のうえで敵に勝ったのです」

ところで、このガイオニチェックさんが、あの日から四年後にようやくわが家に帰ったとき、二人の小さな子どもたちはナチスの爆撃で殺されていたのでした。傍らの奥さんも、その子どもたちの話になると顔を覆って泣き崩れてしまったのです。それでは、コルベ神父のせっかくの身代わりも無駄だったのでしょうか。

ついわたしたちはそう思いがちですが、それは違います。

ガイオニチェックさんは、ぼくたちに向かって、さらにこう言ったのです。

「初めのうちは、神さまを恨みました。コルベ神父さまがわたしの家族のために死んでくださったのに、どうして子どもたちは殺されてしまったのでしょう、と。でも違うのです。コルベ神父さまは、わたし一人のためというよりも、もっとたくさんの人びとの心を救われたということなのです。ですから、あの神父さまの死には、もっともっと大きな意味があるとわたしは信じるようになったのです」

まもなく八十歳になるというガイオニチェックさんは、いまではポーランドの各地やよその国にも出かけていって、コルベ神父との出会いを話して歩いていると言いました。

それを聞いたぼくには、この人が今日まで生きてこられたことが、改めてふしぎに思えてくるのです。もしこのガイオニチェックという人が収容所で死んでいたら、だれもコルベ神父の死を伝える者はいなかったに違いないからです。

きっとコルベ神父のことを知らせるために、この人ガイオニチェックさんを神さまが今日まで生かしてこられたのだ……そうとしか考えられませんでした。

わたしたちは、いまこのガイオニチェックさんの証言によって、コルベ神父のいのちがけの愛の生き方と、神の働きをはっきりと知ることができるのではないでしょうか。

やがて別れる時がきました。

春の柔らかい日差しのなかへ、ガイオニチェックさん夫婦は見送りに出てくれました。

「日本のみなさんに、どうぞよろしく」

二人はそう言って、ぼくたちの手を何度も握り締めました。

「ぜひ、日本にきてください。そしてコルベ神父さまのお話をしてください」

ぼくたちの頼みに大きくうなずいてくれたガイオニチェックさん――。

この奇跡の生存者ガイオニチェックさんと奥さんは、その後激しく揺れ続ける祖国ポーランドのなかでどうしていることでしょう。

◇平和をつくる人

世界じゅうを嵐に巻き込んだ第二次世界大戦から四十年余り――。

それなのに、わたしたちの地球上には、まだほんとうの平和はきていません。それどころか、世界の大きい国々は、争って恐ろしい核兵器をつくり、軍隊をどんどん増やしています。

そして、今日も地球上のあちこちでは戦火が飛び交っています。

あのアウシュビッツの恐ろしさや、原爆の町ヒロシマやナガサキのことを忘れてしまったのでしょうか。

アウシュビッツ強制収容所跡――。

もしみなさんが、その地を訪ねるときがあったら、ぜひ心に留めてほしいのです。そこは、ただ歴史上の足跡や見せものとしてあるのではなくて、わたしたちに愛と平和の大切さを教えるために残されたものだということを。

ヒロシマの原爆ドームやナガサキの平和記念碑、そして原爆被害者の人びとのことを思うときも同じように、世界の平和への願いを込めて、わたしたちへの戒めとして語り継いでいく必要があるのです。

戦争によって、何千人、何百万人もの人びとが、尊い犠牲となりました。アウシュビッツ強制収容所跡――そこに残されているたくさんの証拠を忘れないでほしいのです。

広い敷地にいまも並ぶバラックづくりの囚人小屋や冷たいれんがづくりの牢獄――。

第十一号棟の死の地下牢をはじめ、ガス焼却炉や銃殺刑跡、生きたまま埋めた刑場跡など……。そして、犠牲者たちが履いていた靴や、旅行トランク、眼鏡などの山……。

それに女性からはぎ取った髪の毛が、大きな部屋いっぱいに山と積まれています……。

それらを見せられると、アウシュビッツの悲劇はもう一度わたしたちに、戦争の恐ろしさを強く訴えかけてきます。これは、けっして遠い昔のことではないのです。いまでも、わたしたちの近くで起こるかもしれないのです。

いったん戦争が始まると、それは人間の心を狂わせてしまうからです。

今日も、平和を願う人びとが、アウシュビッツの地下牢、コルベ神父のいた死の部屋を訪れてきます。そこには、いつでもろうそくと美しい花束が供えられています。

「どうぞ、この世からすべての争いや戦争を無くしてください。そのためにわたしを平和の道具としてお使いください」

そう願って自分をささげたコルベ神父の輝くような死は、アウシュビッツ強制収容所を訪ねて、あまりの残虐さに絶望しかけた人びとに、最後に人間を信じることのできる光を与えてくれるのです。

人びとは、このコルベ神父のことを知って、やっと救われる思いがするといいます。

第十一号棟の表に、四角い銅板がかけられています。そこには、コルベ神父が友の身代わりになって死の行進を始めている絵をバックに、小さな文字が刻まれていました。

それは、

「人間が人間に対して……」

と、ラテン語で書かれています。

もともとは、ヨーロッパの古いことわざで「人間が人間に対しておおかみになった」という文章が続くのだそうです。

数年まえ、ここを訪れたオランダの中学生たちが、コルベ神父に感動して、このことわざを引用して記念に銅板画をつくり、送ってきたのです。

「人間が人間に対して……」

その空白のところには、おおかみにもなるが、人間にもなることができるという意味が残されています。そして、すべての者がおおかみになるような状況のなかで、一人の人間が人間のためにほんとうに人間として生きた――これこそが、コルベ神父の生涯を通した生き方でした。

これまでにも、愛と平和のために生命をかけた人びとは、この世にたくさん登場したことでしょう。コルベ神父も、その一人なのです。そして、この人びとが示してくれるように、たがいに愛し合うこと――それは、けっして大げさなことではなくて、たとえ小さなことであっても、わたしたちの社会に平和を築くことになるのです。

平和は一人ではできません。

でも、一人が始めなければまたなにも始まらないのです。

コルベ神父は、そのことを身をもってわたしたちに示してくれていると思います。


春の日の昼下がり――。

アウシュビッツをあとにしたわたしたちの前方には、ポーランド特有の美しいポプラ並木が続いていました。この平和な風景を守るのも、わたしたち一人ひとりの強い意識と勇気あるおこないによるのです。

ぼくはそのとき、聖書のなかの一節を思い出していました。

友のために
生命を与える以上に
大きな愛はない
ヨハネ15章13節

コルベ神父が目指した、この愛と平和のおこないは、今日生きているわたしたちへの、いのちがけの励ましだといえると思うのです。

人間が、

人間に対して……。

さあ、みなさん、このあとにあなたはどんな文字を刻みますか……。

あとがき

読者のみなさんに、お願いがあります。

それは、このコルベ神父の物語を通して、二つのこと――「愛とはなにか」と「戦争と平和」について、考えてほしいということです。

まず「愛」とはなんでしょうか。

ぼくは、まえにマザー・テレサのことを映画にしたり、このシリーズで本も書きました。そのときから、ぼく自身も「愛」について考えてきたのです。マザー・テレサはこう言っています。

「愛とは、与えること。自分のいちばん美しいものをささげること。犠牲なのです」

世界じゅうの最も貧しい人びとのために働くマザー・テレサは、そのことばどおり、自分を貧しい人のなかにいるキリスト（神さま）のためにささげきっています。

こうした愛のおこないを考え続けていくと、その先に、どうしてもコルベ神父のことが浮かんできます。ですから、この本は『マザー・テレサこんにちは』の続編のつもりで読んでみてください。

次に「戦争と平和」についてのお願い。

日本を訪問されたヨハネ・パウロ二世は、広島で平和についてこう述べていきます。

「戦争は、人間のしわざです。戦争は死です。戦争は破壊です」

この本に出てくるアウシュビッツ強制収容所の悲劇は、すべて人間のしわざです。でもそれは、けっして遠いヨーロッパだけのできごとではないのです。

わたしたちの日本も、第二次世界大戦に先がけて、中国大陸に攻め込み、多くの民間人を虐殺したり、韓国の人びとをたくさん強制労働のために日本へ連れてきて、罪のない人びとを大量に殺したりしたのです。

しかし、そうした過ちを反省して、ほんとうの平和をつくりだすのもまた、人間の働きなのです。コルベ神父の生涯は、そのお手本だといえると思います。

ところで、コルベ神父の映画『アウシュビッツ愛の奇跡』をつくり、この本を準備しているとき、とてもうれしいニュースが発表されました。

今年十月十日に、コルベ神父がローマ教皇によって、聖人の位にあげられるというのです。それはたいへんなことです。これまでに、死後五十年足らずで聖人にあげられた人物は少ないからです。

それほどに、コルベ神父の生き方は、現代の世界に、そしてわたしたちにとって大きな意味があり、必要とされているからに違いありません。

終わりに、この本を書くために、たくさんの人びとの励ましとご協力をいただき、また大事な資料や書物を参考にさせていただきました。ここに心から感謝を述べたいと思います。

ありがとうございました。

一九八二年八月十五日

千葉茂樹

参考文献

『コンベンツアル・フランシスコ会来日50年の歩み』（コンベンツアル・フランシスコ会）
『コルベ神父の横顔』（コンベンツアル・フランシスコ会）
『福者マキシミリアノ・マリア・コルベ』（アントニオ・リチャアド神父著　聖母の騎士修道女会）
『不信への挑戦』（マリア・ヴィノフスカ著　岳野慶作訳　聖母の騎士社）
『聖母の熱愛者』（サムエル・M・ローゼンバイゲル著　岳野慶作訳　聖母の騎士修道院）
『福者コルベ・霊的メモ』（聖母の騎士修道院）
『長崎聖母の騎士資料集第一巻』（小崎登明著　聖母の騎士修道院）
『聖母の騎士物語』（小崎登明著　月刊誌『聖母の騎士』連載）
『福者コルベ神父と聖母の騎士』（小崎登明著　聖母の騎士修道院）
『奇蹟』（曽野綾子著　毎日新聞社）
『アウシュビッツと私』（早乙女勝元著　草土文化）
『アウシュビッツからの手紙』（早乙女勝元著　草土文化）

『ワルシャワ物語』（工藤幸雄著　ＮＨＫブックス）
『アウシュビッツは終わらない』（プリーモ・レイヴィ著　竹山博英訳　朝日新聞社）
『アウシュビッツ収容所』（ルドルフ・ヘス著　片岡啓治訳　サイマル出版）
『ゼノさんの物語』（いしとび　じん著　愛の人・ゼノを語る会）
『かぎりない愛・ゼノの生涯』（枝見静樹編著　財団法人富士福祉事業団）
『世界の国・東欧』（講談社）
『ありがとうゼノさん』（みきせつこ文・絵　女子パウロ会）

本書は1982年10月に刊行された単行本を文庫化したものです。そのため、本文中の経年表記は刊行当時のままである点にご留意いただきますようお願い申し上げます。

著者紹介

千葉茂樹（ちば しげき）

1933年、福島県福島市に生まれる。

日本シナリオ作家協会会員。近代映画協会に所属。劇映画、テレビ、教育短編、舞台など多方面で脚本、演出活動をつづける。作品に、『一粒の麦』（大映、文部省特選）、『こころの山脈』（東宝）、『孤島の太陽』（日活）、『マザー・テレサとその世界』（近代映画協会・女子パウロ会、各種映画賞を受賞）、『コルベ神父の生涯―アウシュビッツ 愛の奇跡』『平和の巡礼者ヨハネ・パウロⅡ世』（近代映画協会・女子パウロ会）、『赤毛のアン』（TV アニメ）、『世界のおかあさん』（汐文社）、『マザー・テレサとその世界』（女子パウロ会）、『マザー・テレサこんにちは』（女子パウロ会）ほか多数。

コルベ神父―友のためにささげたいのち―

著　　者／千葉茂樹
発 行 所／女子パウロ会
代 表 者／松岡陽子
〒107-0052 東京都港区赤坂8-12-42
Tel 03-3479-3943　Fax 03-3479-3944
Webサイト https://pauline.or.jp/
印 刷 所／株式会社工友会印刷所
初版発行／2025年4月24日

ISBN978-4-7896-0847-3 C0123　NDC289